Biedermeierliches Papierbild mit Blick von der Vorburg am Wachtbau vorbei zur Kernburg, um 1840

Eine kurze Würdigung

DIE STAUFISCHE WASSERBURG IM SEEMENBACHTAL ist eine herausragende mittelalterliche Burganlage. Innerhalb eines geschlossenen, nahezu runden stauferzeitlichen Mauerrings erheben sich die Gebäude der Kernburg, darunter der Bergfried, der Palas und die Kapelle, die auf die Stauferzeit zurückgehen. Die Bauherren waren unmittelbare Lehnsträger des Kaisers. In der Spätgotik und Renaissance kam es zu umfassenden Erneuerungen mit gewölbten Räumen, Erkern, Giebeln und Wandmalereien, die der Burg ihr heutiges Bild verliehen. Im 19. Jahrhundert nahm man einige eindrucksvolle Ergänzungen der Innenausstattung vor. Seit dem späten 13. Jahrhundert sind die Herren, später Grafen bzw. Fürsten zu Ysenburg Eigentümer der Herrschaft und der Burg und nutzen die Burg bis heute als ihren Stamm- und Wohnsitz.

Gesamtansicht der Burg und des Wachtbaues von Westen. Man sieht über die Mauern der Vorburg und den Westgiebel des Wachtbaues zum spätgotischen Aufsatz des Bergfriedes

Schloß Büdingen – Stationen seiner Geschichte

Die stauferzeitliche Herrenburg

SEIT 1131 ERSCHEINEN in Mainzer Urkunden die Brüder Gerlach (I.) und Ortwin, die sich nach ihrem Sitz „de Budingen" nennen und einer edelfreien Familie angehören, die seit dem 9. Jahrhundert in der näheren Region, meist unter dem Leitnamen Hartmann, faßbar wird. Bei dieser ersten Benennung ist jedoch nicht klar, ob mit Büdingen bereits die Wasserburg im Seemental gemeint ist oder ein älterer Wohnplatz. Im Jahre 1219 beurkundete der Abt Wilhelm von Haina „in castro Butingin" die Schenkung eines Gelnhäuser Reichsministerialen zugunsten seines Klosters. Als Zeuge war u.a. Burgherr Gerlach von Büdingen anwesend. Schon in diesem Rechtsakt, bei dem Burg Büdingen erstmals schriftliche Erwähnung findet, wird die enge Beziehung zur nahen Kaiserpfalz Gelnhausen deutlich. Zu den Voraussetzungen für die Entstehung der Wasserburg Büdingen gehört die Einrichtung eines königlichen Bannforstes, des Büdinger Waldes, der eben nach Büdingen und nicht nach dem in staufischer Zeit entstandenen Zentrum Gelnhausen benannt ist. Die neue Burg Büdingen wurde an der Nordwestecke dieses Reichswaldes zu dessen Sicherung in versteckter Insellage im Tal des Seemenbaches angelegt.

Friedrich Barbarossa begann mit dem Aufbau einer neuen Reichsgutorganisation, die sich in der Wetterau auch gegen die Expansionsbestrebungen der Erzbischöfe von Mainz richtete. Büdingen kam dabei eine wichtige Rolle zu. Die heutige Burg geht auf Hartmann von Büdingen zurück. Er ist zwischen 1166 und 1195 im Gefolge der Staufer Friedrich I. und Heinrich VI. zu finden. Die auf

Rekonstruktion der Burg um 1200. An die stauferzeitliche Ringmauer schließen sich Palas, Kapelle (verdeckt) und ein kleiner Torbau an, im Hof steht der ursprüngliche Bergfried. Zeichnung: Timm Radt

Rekonstruktion des Zustandes der Burg Büdingen um 1250/1300. Der eventuell noch erhaltene ältere Bergfried ist gestrichelt und gibt den Blick auf die romanische Burgkapelle frei. Zeichnung: Timm Radt

den Reichsforst ausgerichtete Burg hatte auch die Funktion einer „Jagdburg", falls der König mit seinem Gefolge in der Nähe weilte.

Die alten Zusammenhänge zwischen der Pfalz Gelnhausen, der Burg Büdingen und ihrem kleineren Pendant im Ostteil des Waldes, der Wasserburg Wächtersbach, werden noch in dem berühmten Büdinger Waldweistum von 1380 deutlich, denn für einen Aufenthalt des Königs sind in der Burg Gelnhausen, in Büdingen und in Wächtersbach jeweils ein abgerichteter Jagdhund („bracke"), Jagdwaffen und ein Pferd bereitzuhalten.

Mit Gerlach II. erreichten die Büdinger Herren in der dritten – und letzten – Generation den Höhepunkt ihrer Stellung. Seine Anfänge, 1194 ist Gerlach erstmals erwähnt, fallen in die Wirren des staufisch-welfischen Thronstreits; Gerlach wandte sich dem Staufer Friedrich II. zu, als dieser 1212 nach Deutschland kam. Die engen Beziehungen zu diesem Herrscher und seinem Sohn, dem jungen König Heinrich (VII.) ließen den Einfluß der Büdinger Herrn weiter wachsen. Nach der 1222 erfolgten Königskrönung Heinrichs, der zusammen mit einem Reichsverweser die deutschen Angelegenheiten leiten sollte, finden wir Gerlach II. im engeren Rat des jungen Herrschers. Burg Büdingen wurde, wie die gesamte Wetterau, schließlich auch in das Scheitern der staufischen Politik mit hineingerissen. Ob Gerlach II., der zuletzt im September 1240 erwähnt wird, den heraufziehenden „staufischen Endkampf", wie ihn die ältere Geschichtsschreibung gerne bezeichnet, noch erlebt hat, bleibt unklar. Seine Burgen Büdingen und Ortenberg dürften in diesen Kämpfen Zerstörungen erlitten haben. Die ab 1952 aufgedeckten Reste eines mächtigen Rundturms im östlichen Innenhofbereich ließen eine gewaltsame Zerstörung durch Feuer erkennen. Am ehesten läßt sich dies mit dem Kriegszug in Verbindung bringen, den die „klerikale Partei" unter den rheinischen Erzbischöfen im Herbst 1241 gegen die staufischen Stellungen in der Wetterau richtete.

Stationen seiner Geschichte

Das Wappen der Ysenburger

Herrschaftszentrum der Grafen zu Ysenburg

SEIT 1258 ERSCHEINT mit Ludwig von Ysenburg ein Westerwälder Adelsgeschlecht im Kreise der „Ganerben" von Besitz und Lehen der ausgestorbenen Büdinger Herren. Durch seine Frau Heilwig von Büdingen fiel ihm ein Anteil an diesem Besitz zu. Noch hatte er sich allerdings das dominium Büdingen samt der Burg mit dem Miterben Eberhard von Breuberg zu teilen, doch gelang es den Ysenburgern bis zum frühen 14. Jahrhundert, die Breuberger und weitere Miterben aus ihrem Büdinger Burgsitz zu verdrängen. Das Machtvakuum des Reiches während des „Interregnums" gab die Chance, trotz begrenzter Machtmittel die Grundlagen für eine eigenständige Landeshoheit zu schaffen. Unter dem Sohn und Nachfolger Luther von Ysenburg (reg. 1303–1341) werden neue Elemente der Städtepolitik und Wirtschaftsförderung sichtbar. 1330 erhielt er von König Ludwig dem Bayern Marktrechte für Büdingen. Eine schon 1290 erwähnte Verteidigung aus Wall und Graben gegen Westen wurde durch eine Ummauerung ersetzt, der Seemenbach spätestens jetzt nach Süden umgeleitet, um die Gräben zu fluten, so daß die Stadt eine Art Insellage zwischen zwei Bachläufen erhielt.

Das gewachsene politische Prestige der Ysenburger zeigt sich 1442 in der Erhebung Dieters in den Reichsgrafenstand. Spätestens jetzt kam es auch zu einem verstärkten Ausbau Büdingens zur Residenz, während die Burgen Birstein, Wächtersbach und Hain lediglich als Amtmannssitze dienten. Dies hing auch damit zusammen, daß von Dieters zahlreichen Söhnen nur einer zur Nachfolge bestimmt war und alle anderen mit geistlichen Pfründen ausgestattet wurden. Die steilste Karriere machte der gleichnamige Sohn Dieter, der Erz-

Gemalter Saal im Küchenbau. Durch die Verlobung Ludwigs von Ysenburg mit Heilwig von Büdingen gelangen die Ysenburger in den Besitz Büdingens. Wandgemälde von Rudolf Hofmann, 1846–53

bischof und Kurfürst von Mainz wurde und damit die höchste geistliche Würde im Reich erlangte. Sein Konfrontationskurs zu Kaiser und Papst führte allerdings 1461 zur „Mainzer Stiftsfehde", einem regelrechten Krieg im rheinischen Raum. Auch in der Grafschaft Ysenburg gab es Zerstörungen; die Burg Büdingen selbst scheint jedoch ohne Schäden davongekommen zu sein. Zu den 1476 verbrieften Erwerbungen gehörte auch die Ronneburg als Mainzer Lehen. Damit war eine potentielle Bedrohung in Sichtweite von Büdingen entschärft. Die Ronneburg ergänzte die Verteidigungskraft der eher defensiv ausgerichteten Büdinger Wasserburg durch die Kontrolle wichtiger Talausgänge in die Ebene von Kinzig und Main.

Vor allem aber begann nun eine rege Bautätigkeit in Büdingen. Graf Ludwig II. leitete ein regelrechtes Festungsbauprogramm ein, sicher eine Folge der schlimmen Erfahrungen aus der Stiftsfehde. Unter Beibehaltung der älteren Stadtmauern wurde ein zweiter Befestigungsring gelegt, mit mächtigen Dämmen, auf denen Geschütze bewegt werden konnten. Der Artillerie dienten auch die zahlreichen Rondelle und Bollwerke. Die starke Befestigung sicherte natürlich nicht nur die Stadtbürger, denen Unterhalt und Verteidigung auferlegt war, sondern auch die Burg des Landesherrn. Auch an seinem Wohnsitz nahm Graf Ludwig aus fortifikatorischen Notwendigkeiten Veränderungen vor, die er mit repräsentativen Formen verband. 1486 ließ er das „neue Haus im Schloß" errichten, vermutlich der Vorgänger des Wachtbaus in der Vorburg. Zuvor schon hatte der „Küchenbau" in der Kernburg eine neue Gestalt erhalten. Der Graf liebte die Sprache der Heraldik,

Gemalter Saal im Küchenbau. In der Schlacht bei Göllheim sterben 1298 König Adolf von Nassau und in seinem Gefolge der Bannerträger Heinrich von Ysenburg. Wandgemälde (Ausschnitt) von Rudolf Hofmann, 1846–53

Stationen seiner Geschichte

Gemaltes Zimmer im Palas mit den Wappen der Herren von Hanau (Sparren in Rot und Gold) und der Herren von Ysenburg (Balken in Schwarz und Weiß), nach 1332. Die Renaissance-Ausmalung mit Propheten und Evangelisten in den Gewölbekappen entstand nach 1546

das zeigt der Wappenschmuck in dem neuen Torbau und das schöne Allianzwappen Ysenburg-Nassau mit einem Hofnarren als Wappenhalter am Küchenbau, ein dem Zeitgenossen verständlicher Hinweis auf die Residenzfunktion im Wandel von der Burg zum wohnlichen Schloß. Als Höhepunkt seines Bauschaffens gilt die ab 1495 neu in das ältere Gefüge integrierte spätgotische Schloßkapelle, die noch heute die Baugesinnung des Grafen Ludwig am reinsten vermittelt. Sie ist nicht mehr nur, wie bei den Vorgängerräumen zu vermuten, auf die innere, die geistliche Funktion bezogen, sondern zeigt deutliche Elemente höfischer Repräsentation, eingebunden in die Standessymbolik eines Wetterauer Reichsgrafen.
Eine neue Entwicklung kündigte sich mit der Verlagerung von Wohnfunktionen aus dem isolierten Schloß in einen Stadtsitz an. Graf Johann, Ludwigs jüngster Sohn, hatte sich einer geistlichen Laufbahn entzogen und ließ sich 1510/11 nach dem Vorbild eines Stadthauses der Ysenburger in Mainz, das er als Rat in Diensten des Erzstifts

Steinerne Wappentafel Graf Diethers von Ysenburg am Büdinger Rathaus, 1458

bewohnte, in Büdingen das Steinerne Haus errichten, fortifikatorisch an die Mühlpforte angelehnt und mit seinem Staffelgiebel geschickt in die Straßenachse der Altstadt hineingestellt.

Die Teilungen des 16. Jahrhunderts

ALS GRAF LUDWIG II. 1511 nach fünfzigjähriger Regierung fast 90 Jahre alt starb, warf die nahe Umbruchszeit schon ihre Schatten voraus. Nachdem die Regierung der Grafschaft zunächst von den drei Söhnen Philipp, Johann und Dieter gemeinsam geführt wurde, kam es 1517 durch einen Erbbrudervertrag zur faktischen Teilung. Dabei wurde Schloß Büdingen zwar dem ältesten Sohn, Graf Philipp, als Hofhaltung eingeräumt, sollte aber gemeinsamer Besitz bleiben. Der mobile Hausrat wurde geteilt, wobei in den dazu angelegten Inventaren die Wohn- und Nutzungsbereiche der Brüder, bezeichnet als „Kemenaten" mit Nebenräumen, erkennbar werden, daneben das Frauenzimmer der Gemahlin Philipps, Amalie von Rieneck, und ein eigener Wohntrakt für dessen 1501 geborenen Sohn, Graf Anton. Letzterer wurde dann 1518 von Kaiser Maximilian als Kurator seines kranken Vaters eingesetzt, er hat von nun an die weitere Entwicklung entscheidend mitbestimmt. Sicherung und Verteidigung blieben gemeinsame Aufgaben, Turmhüter und Pförtner wurden gemeinschaftlich angenommen und besoldet.

Graf Dieter verstarb 1521 unverheiratet, doch nun sollte sich der Streit verschärfen. Nachdem sich Graf Anton 1523 mit Elisabeth Gräfin zu Wied verehelicht hatte und sein Vater Philipp drei Jahre später starb, lief alles auf die Entstehung zweier konkurrierender Linien hinaus. Nach mehreren Anläufen wurde schließlich am 25.9.1529 die Teilung des Stammschlosses in der Form vollzogen, daß Graf Anton zwei Anteile zu bilden und sein Onkel Johann dann innerhalb von sechs Wochen einen Teil auszuwählen hatte. Dabei wurde der Baubestand recht genau beschrieben. An Graf Anton gelangten die Kemenate mit der Hofstube, also der heutige Saalbau, die Kapelle mit Einkünften und Patronatsrecht, und „uff der ander seyt der Cappeln die Kemnaten, so Graff

Wappenstein Graf Ludwigs II. von Ysenburg, Schalksnarr mit Eselsohren am Küchenbau im Burghof, 1470/76

Stationen seiner Geschichte

Wandmalerei in der Hofstube im Krummen Saalbau mit der Devise von Anton von Ysenburg, Graf zu Büdingen, und zugleich den Initialen seines Namens

Diethers seligen gewest ist", d.h. die Räume im alten Palas, ferner die Umbauung des Bergfrieds. Der Teil, den Graf Johann sich auswählte, bestand aus der Schreiberei samt einer Kemenate und dem Bau über dem Tor sowie der „anderen Kemenaten mit Hofstube und Küche", d.h. dem Küchenbau, ferner den Gebäuden im Süden der Vorburg und dem anschließenden Wirtschaftshof. Gemeinschaftlich blieb nur der Schloßturm mit dem „Gewelb" im unteren Teil, welches das gemeinsame Archiv enthielt. Die einzelnen Stockwerke erhielten 1530 durch einen Treppenturm einen neuen Zugang.

Im Anschluß an die Teilung begannen beide Grafen in ihrem jeweiligen Bereich mit einer regen Bautätigkeit, die dem gewandelten Zeitgeschmack Rechnung trug. Ab 1530 ließ Graf Johann das Gebäude am Tor der Vorburg zu einem repräsentativen Wohntrakt mit einem Saal im Untergeschoß umbauen. Die Errichtung einer Spindeltreppe zur Erschließung der Obergeschosse war ihm wegen der unmittelbaren Nähe zum inneren Tor vertraglich zugestanden worden. Die Fertigstellung wird durch das Doppelbildnis des Grafen und seiner Frau Anna Gräfin von Schwarzburg von 1533 am Erker über der südlichen Toreinfahrt markiert.

Graf Anton konnte 1532 mit dem Bau eines Viehhofs beginnen, eines eigenen Wirtschaftshofs zwischen dem westlichen äußeren Schloßgraben und dem Pfarrhaus neben der Marienkirche (von dem nur noch eine Außenmauer am Schloßplatz erhalten ist). Seine Hofhaltung verlegte er jedoch schon 1531 nach Schloß Wächtersbach, wobei „der infall des Sterbens in Büdingen", also wohl die Pest, als Grund angegeben wird. Als Hauptresidenz aber war die Ronneburg vorgesehen. Zunächst wurde der Hausstreit auch von den Fronten des Reformationszeitalters überlagert. Graf Anton hatte sich früh den neuen Gedanken

Graf Anton von Ysenburg und Elisabeth von Wied mit sechs Kindern, darunter zwei verstorbenen. Die Söhne sind Georg und Wolfgang. Tafelaufsatz, um 1540/50

"Rittersaal" (Kemenate) im Palas. Wandgemälde mit Darstellung der Burg von Norden, um 1546/53

geöffnet, während Graf Johann in altgläubigen Traditionen verharrte. Erst dessen ältester Sohn, Graf Reinhard (1518–1568), konnte sich 1543 mit Graf Anton über die Religionskonflikte einigen. In dem nach dem Schlichter Hartmann von Kronberg benannten Kronberger Vergleich vom 6.10.1543 wurden auch wichtige Regelungen bezüglich des Büdinger Schlosses getroffen. Da wegen des langen Streits offenbar die Verteidigung vernachlässigt worden war, verständigten sich beide Seiten darauf, die veralteten Feldschlangen (Kanonen) umgießen zu lassen und dafür ein Büchsenhaus, eine Rüstkammer, vor dem Schloß zu errichten.

Danach konnte Anton an die prächtige Ausschmückung seines Wohnbereiches gehen, mit einem Zyklus von Malereien, die in die Jahre zwischen 1546 und 1553 zu datieren sind. Den Rechnungen aus dieser Zeit sind immer wieder Aufträge an den Mainzer Maler Hans Abel zu entnehmen, der oft in Büdingen weilte und daher wohl an den Entwürfen mitgewirkt hat. Neben eigenen Gehilfen war bei der Ausführung der Büdinger Caspar Walrab tätig, der auch als Bildhauer erscheint und später das Grabmal für Anton und seine Frau in der Marienkirche schuf. Außen setzte heraldischer Schmuck an Erkern und Fenstern deutliche Akzente. Nachdem Graf Anton im Schmalkaldischen Krieg neutral geblieben war und dafür von Kaiser Karl V. auf dem Augsburger Reichstag im November 1547 mit einer „Wappenverbesserung" belohnt wurde, ließ er umgehend einen Erker am Saalbau anbringen, der das neue Wappen mit dem „Hardecker Löwen" zeigte und seinen Schloßbereich damit von dem Teil der Birsteiner Linie abhob.

Stationen seiner Geschichte

Gemalter Saal im Küchenbau. Romantische Sicht auf ein Ritterturnier. Wandgemälde von Rudolf Hofmann, 1846–53

Nach dem Tode Antons am 25.10.1560 stand eine erneute Teilung in der Ronneburger Linie an, da alle drei Söhne erbfolgeberechtigt waren. Als sie 1565 vollzogen wurde, erhielt der jüngste, Graf Heinrich (1537–1601), neben der Ronneburg auch den Anteil seiner Linie an Stadt und Schloß Büdingen. Er begann nach seiner Rückkehr aus auswärtigen Kriegsdiensten ab 1568 mit aufwendigen Baumaßnahmen in Büdingen und auf der Ronneburg, ausgelöst durch die im Mai 1569 erfolgende Heirat mit Maria von Rappoltstein.

Besonders auffällig ist in diesen Jahren die Änderung der Wohnausstattung durch den Einbau von Öfen, was mit der spürbaren Klimaverschlechterung zusammenhängt. Zum Teil wurden eiserne Öfen in Frankfurt gekauft, überwiegend aber Kachelöfen durch einheimische Häfner gefertigt und aufgestellt, vor allem von Hans Pingel aus Großendorf bei Büdingen. Der älteste Bruder Georg (1528–1577) erbaute sich und seiner Gemahlin Barbara von Wertheim ab 1569 den Oberhof.

Das Schloß in den Kriegszeiten des 17. Jahrhunderts

IM JAHRE 1600 stand dem kinderlosen Grafen Heinrich von der Ronneburger Linie nur noch sein jüngerer Vetter aus dem Birsteiner Zweig, Graf Wolfgang Ernst (1560–1633), gegenüber und der Erbanfall zeichnete sich ab. Um einen Lehnsrückfall an Mainz zu verhindern, ließ Graf Wolfgang Ernst sofort nach dem Tode des Vetters (1601) die Ronneburg besetzen und nahm auch Schloß Büdingen zur Gänze ein. Er führte in der Grafschaft das reformierte Bekenntnis ein und ließ die Altäre und das Bildwerk aus den Kirchen entfernen.

Schon vor 1600 wurde in seinem Teil des Büdinger Schlosses wieder ein „neuer Bau" in Angriff genommen, mit dem nur der Ausbau des heutigen „Küchenbaus" in Renaissanceformen gemeint sein kann. Nach 1601 wurde das Vorhaben energisch vorangetrieben. Die Hauptresidenz des Grafen Wolfgang Ernst war Birstein. Dennoch scheint er den Ausbau des Büdinger Schlosses mit Blick auf die Bevölkerung der Stadt vorgenommen zu haben, mit der er wegen seiner Konfessionspolitik in den Anfangsjahren nicht auf bestem Fuße stand. Auch die Innenausstattung wurde prächtig erneuert. So wurde der Saal „obig der alten Cantzley am Pfortenbau" neu gestaltet und von dem Büdinger Maler Balthasar Walrab mit 64 Ahnenwappen auf einem Stammbaum mit Ästen und Laubwerk ausgemalt. Die Schloßkapelle verlor zwar die Reste ihrer gotischen Ausstattung, doch hat der kalvinistische Graf das Chorgestühl nicht angetastet, vielleicht aus Pietät gegenüber den Wappen der Vorfahren. In den Zusammenhang einer Verbesserung der Ökonomie gehört die Vergrößerung des Wirtschaftshofes (Stallhof) südlich des Schlosses mit der Errichtung eines großzügigen Marstalles ab 1603.

Nach 1620, als die Kriegsereignisse auch die Wetterau berührten, geriet die Politik des Grafen bald in den Sog dieses Geschehens. Sein Versuch, einen neutralen Kurs zwischen den Konfessionsparteien zu steuern, schlug fehl. 1628 teilte Wolfgang Ernst dann die Grafschaft in einem komplizierten Verfahren unter seinen Söhnen auf und zog sich resigniert aus der Politik zurück. Die Herrschaft Büdingen samt dem Schloß war dabei an Graf Philipp Ernst (1595–1635) gefallen, der sich jedoch seines Besitzes nicht lange freuen konnte, da 1634 zum Katastrophenjahr für das Ysenburger Territorium wurde. Nach der Niederlage der

Aquarell des Burghofes mit Blick zum Krummen Saalbau und zur Kapelle von Emilie Höffler, 1874

Schweden bei Nördlingen wurde die Grafschaft von kaiserlichen Truppen besetzt, Stadt und Schloß erfuhren eine gründliche Plünderung. Von der mobilen Ausstattung des Schlosses, vor allem dem älteren Kunstbesitz, ist daher kaum etwas erhalten. Dem Kriegsgeschehen folgte eine Pestwelle, die in wenigen Monaten die Stadtbevölkerung weitgehend dezimierte.
Mit Dekret vom 7. Juli 1635 wurde die Grafschaft Ysenburg vom Kaiser als verwirktes Lehen eingezogen und dem Landgrafen von Hessen-Darmstadt unterstellt. Erst nach einem Vergleich von 1642, der dann durch die Generalamnestie des Westfälischen Friedens sanktioniert wurde, konnten die Ysenburger Grafen aus dem Exil in Frankfurt oder Hanau wieder in ihr Territorium zurückkehren.

Von der Kleinresidenz zur Besucherattraktion

NACH 1648 WAR die Ausgangslage für einen Neubeginn und eine gemeinsame Politik des Wiederaufbaus wenig günstig. Manche Probleme waren bei der Teilung unter Graf Wolfgang Ernst offen geblieben und gewannen durch neue Todesfälle und Streitigkeiten noch an Brisanz. Zum strittigen Besitz zählte auch Büdingen, wo zunächst keine Hofhaltung eingerichtet wurde. Erst später nahm Graf Johann Ernst (1625–73), der 1650 Gräfin Marie Charlotte von Erbach geehelicht hatte, hier seinen Sitz. Doch das vernachlässigte Schloß war fast unbewohnbar geworden. Aber man entschloß sich, den „ganz verfallenen Küchenbau im Schloß, worinnen man nicht ein einiges Zimmer mehr bewohnen können, wieder an- und aufzubauen", wie der mit der Leitung des Bauwesens beauftragte Ysenburger Rat Gottfried König schrieb. Der Bau wurde mit hellen, großen Räumen versehen, eine enge Wendelstiege durch einen bequemen Treppenaufgang ersetzt. Treppenschmuck und Außenportal stammen vom Büdinger Steinmetz Barthel Schneller. Bis heute ist der Küchenbau der eigentliche private Wohnbereich geblieben.
Nach der großen Teilung von 1684 in die Hauptstämme Birstein-Offenbach und Büdingen teilten drei Jahre später die vier Büdinger Brüder nochmals. Es entstanden vier Speziallinien, nach den Sitzen Büdingen, Wächtersbach, Meerholz und Marienborn benannt. Büdingen mit seinem Schloß wurde Kleinresidenz der von Graf Johann Casimir begründeten Linie. Die knappen Ressourcen erfuhren auch durch die mit einer gezielten Wirtschaftsförderung verbundene Toleranzpolitik unter Graf Ernst Casimir (1687–1749) keine wesentliche Verbesserung, da die damit verbundenen Projekte, wie die Erbauung der Büdinger Vorstadt nach 1712 oder die Ansiedlung der Herrnhuter auf dem nahen Herrnhaag zwischen 1738–1750, auf längere Sicht keinen Erfolg zeigten. Eine Folge war, daß das altertümliche Wasserschloß weiter bewohnt und nicht durch einen „modernen" Bau im barocken Zeitgeschmack ersetzt wurde, wie dies etwa bei Schloß Birstein der Fall war.
Schon gegen Ende des 18. Jahrhunderts aber setzte mit dem Geist der Frühromantik ein Ahnen vom Wert des weitgehend erhaltenen mittelalterlichen Ensembles ein. Erbgraf Ernst Casimir (1806–1861), nach der Rangerhöhung 1840 der zweite Fürst dieses Namens, war es, der diesen Gedanken dann voll erfaßte. Schon während seines Studiums zeigte er eine besondere Neigung zur Geschichte des deutschen Mittelalters. Er erkannte den Wert des Archivs für die Forschung und legte umfangreiche Sammlungen von „Alterthümern" an, die zum Grundstock des späteren Schloßmuseums wurden. Der „Vordere Saal" im Küchenbau erfuhr durch den Darmstädter Maler Rudolf Hofmann (1820–82), Schüler der

Burgkapelle. Wappenschlußsteine über dem westlichen Kirchenschiff und der Empore, 1495/97 ▷

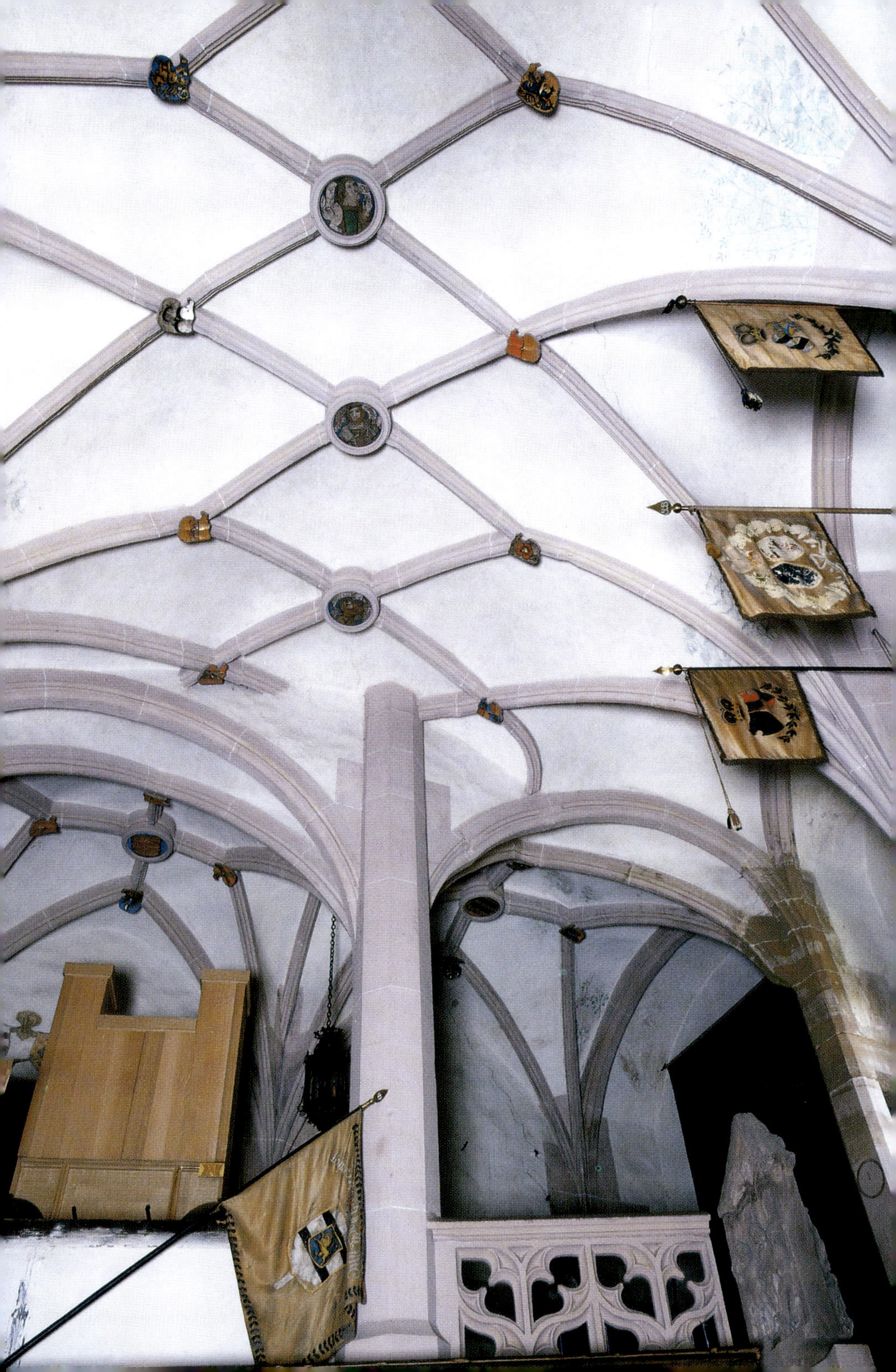

Stationen seiner Geschichte

Düsseldorfer Akademie unter Wilhelm Schadow, beeinflußt von Moritz von Schwind und später auf der Wartburg tätig (Sängerlaube, 1857), eine qualitätvolle Ausmalung mit Szenen aus der ysenburgischen Geschichte und Sagenwelt. Mit ihm sowie dem nur behutsam gotisierend eingreifenden Hofbaumeister Viktor Melior (1820–1910) ging Ernst Casimir daran, in die Vergangenheit des Bauwerks vorzudringen, durch archivalische Studien und Bauuntersuchungen, bei denen es zur Aufdeckung der Arkaden mit der „Knotensäule" in dem seither so genannten „Byzantinischen Zimmer" kam. Die Schloßkapelle erhielt ihren alten Charakter zurück, auch durch Originale spätgotischer Kunst, die Ernst Casimir erwerben konnte. Sein Sohn, Fürst Bruno (1837–1906), ist ihm in seinen Neigungen gefolgt. Er hat die wissenschaftliche Erforschung wesentlich gefördert. Die Kapelle und andere Räume erhielten einen halböffentlichen Charakter und wurden gerne Besuchern gezeigt, die im Schloß ihre Aufwartung machten.

Durch Fürstin Marie zu Ysenburg, geb. Prinzessin zur Lippe, wurde dann 1930 ein kleines Schloßmuseum eingerichtet. Fürst Otto Friedrich (1904–1990) und seine Gemahlin Fürstin Felizitas zu Ysenburg-Wächtersbach, die als Erben 1943 in das alte Stammschloß einzogen, gingen bald nach Kriegsende daran, Teile des Schlosses in einer neuen musealen Präsentation dem Publikum zu öffnen. Ausschlaggebend war dafür auch die seit Anfang der vierziger Jahre erfolgte sukzessive Aufdeckung von Renaissancemalereien, die nunmehr restauriert wurden und ein für die Schloßbaukunst nördlich der Alpen höchst bedeutsames Ensemble ergaben. Unter Mitwirkung von Dr. Karl Dielmann und Architekt Peter Nieß versuchte das Fürstenpaar, den Räumen ihren ursprünglichen Charakter wiederzugeben und sie qualitätvoll auszustatten. Dazu zählt auch der „Krumme Saal", der nunmehr zum Hauptraum der neu aufgestellten Schloßbibliothek und zur „guten Stube" des Schlosses wurde. Schließlich erfuhr auch die Schloßkapelle 1957 eine grundlegende Restaurierung, bei der die Farbfassung nach dem alten Befund wiederhergestellt wurde.

Fürst Wolfgang Ernst zu Ysenburg und Büdingen und seine Gattin Fürstin Leonille, geb. Prinzessin zu Sayn-Wittgenstein-Berleburg, empfanden es 1991 als besondere Verpflichtung, die jahrhundertelange Wohnkontinuität ihrer Familie in Schloß Büdingen fortzusetzen. Unter Schonung der historischen Substanz und mit dem Wissen unserer Zeit geht die Sanierung und Restaurierung in Teilbereichen beständig weiter, im wesentlichen durchgeführt durch eine eigene kleine Schloßbauhütte versierter Handwerker. Dadurch bleibt die im Kern 800 Jahre alte Anlage auch in unserer Zeit bewohnt und belebt, wohl die beste Form der Nutzung eines herausragenden Baudenkmals.

Eine mittelalterliche Baustelle. Der Turmbau zu Babel in der Weltchronik des Rudolf von Ems, um 1370/80 (mit freundlicher Genehmigung der Landesbibliothek Stuttgart)

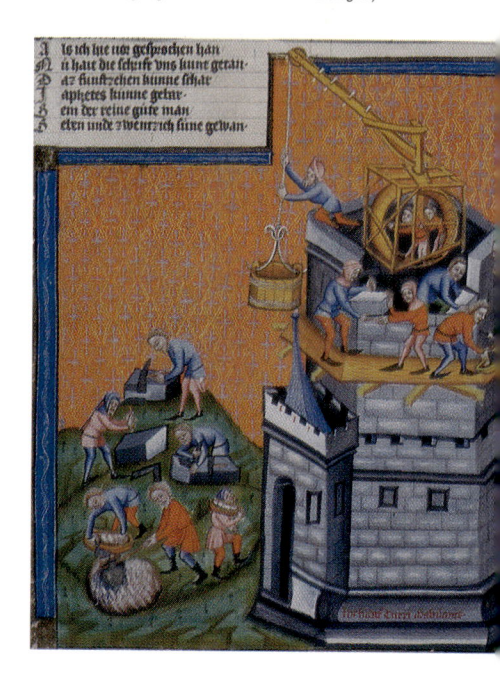

Die Ysenburger in Büdingen

Nach 1247 gehören v. Breuberg und v. Ysenburg zu den Büdinger Ganerben
1327 Alleinbesitz Ysenburg
Ludwig I. 1258 – nach 1302
Lothar 1286–1341
Heinrich II. 1332–1378
Johann I. von Ysenburg 1352/78–1395
Johann II. von Ysenburg 1384/95–1408
Diether I. (geb. vor 1400) 1408–1461, Erhebung zur Grafschaft 1442
Ludwig II. (geb. 1422) 1461–1511
1517 Ysenburger Landesteilung, 1529 Schloßteilung

Ysenburg-Ronneburg [Flügel mit Palas]

Philipp 1467–1526
Anton I. (1543 luther.) 1501–1560
Georg 1528–1577
Wolfgang 1533–1597
Heinrich 1537–1601

Ysenburg-Birstein [Flügel mit Küchenbau]

Johann III. 1476–1533
Philipp 1526–1596
Wolfgang Ernst (ref., 1601 Gesamterbe), 1628 Teilung in eine Birsteiner und eine Büdinger Linie, 1560–1633)

Neue Büdinger Linie

Johann Ernst 1625–1673
Johann Casimir 1660–1693
Ernst Casimir I. 1687–1749
Gustav Friedrich 1715–1768
Ludwig Casimir 1710–1775
Ernst Casimir III. 1781–1852 (1840 Fürst zu Ysenburg)
Ernst Casimir IV. 1806–1861
Bruno 1837–1906
Wolfgang 1877–1920
Karl 1875–1941
Otto Friedrich 1904–1990, Wächtersbacher Linie, Erbe 1941
Wolfgang Ernst geb. 1936
Casimir Alexander geb. 1967

Notizen zur Baugeschichte

Romanik – Gotik – Renaissance

IN HERAUSRAGENDER GESCHLOSSENHEIT haben wir in der Burg Büdingen einen stauferzeitlichen Adelssitz vor Augen, dessen kompakte Anlage alle späteren Generationen überdauert hat. Dennoch hat der Besucher auf den ersten Blick den Eindruck, es handele sich um eine spätmittelalterliche Burg oder gar um ein Renaissanceschloß. Vom Hauptzugang her, also von Südwesten, fallen nämlich zunächst die Erker der Renaissance und die Aufbauten der Spätgotik auf; selbst im Schloßhof treten die Renaissanceerker stärker in Erscheinung als das romanische Mauerwerk von Palas und Kapelle. Die Teilung des Schlosses 1529 hat dabei ihre Spuren hinterlassen: Zahlreiche Modernisierungen beschränken sich baulich auf neue Erker, Portale und Fenster, die vielfach mit Jahreszahlen und Wappen versehen wurden.

Ein Vogelschaubild verdeutlicht die staufische Burganlage. Sie besteht aus einem dreizehneckigen Bering, der von einer Buckelquadermauer eingefaßt und einst von einem Wassergraben umgeben war. Überragt wird die Burg durch den (nicht erhaltenen) älteren Bergfried und durch den

Lageplan der Gesamtanlage von Burg Büdingen mit Vorburg und Wirtschaftshof. Zeichnung: Timm Radt

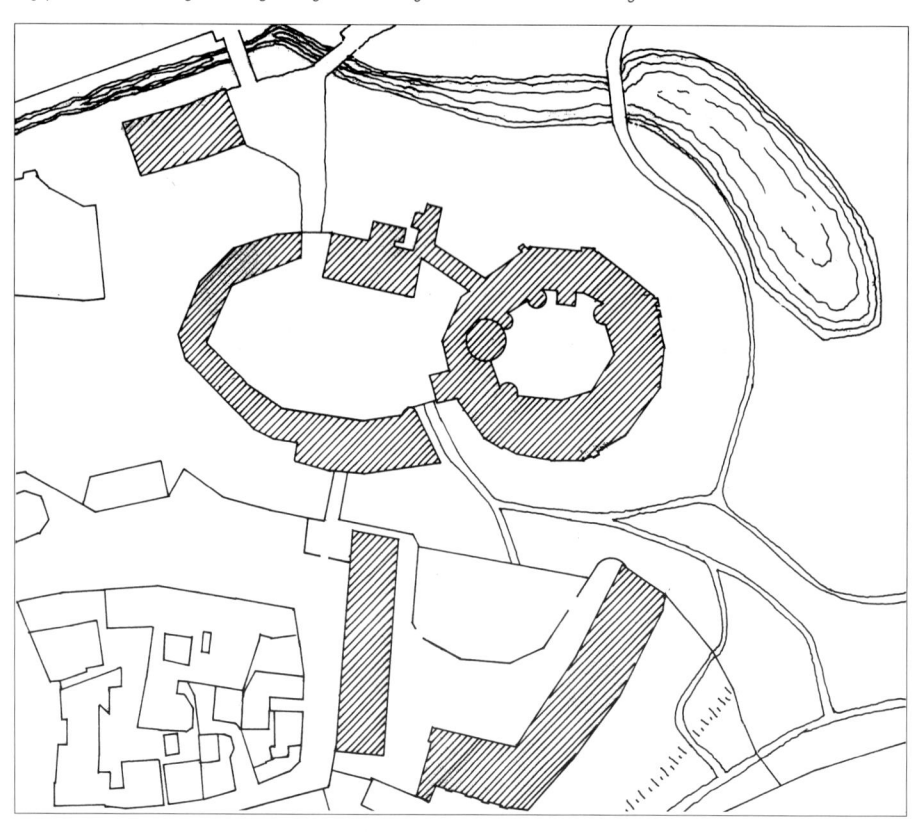

schlanken jüngeren Bergfried, der sich neben dem inneren Tor befindet. Palas und Kapelle sind stauferzeitliche Gebäude des ausgehenden 12. Jahrhunderts, neben dem Tor gab es ein kleines Wachthaus. Der größere Teil der stauferzeitlichen Bauten ist heute noch erhalten. Bauherr war im späten 12. Jahrhundert Hartmann von Büdingen. Eine Vorburg ist für den ursprünglichen Zustand der Burg Büdingen zwar nicht nachzuweisen, aber zu vermuten. Westlich vorgelagert ist die Stadt Büdingen, östlich der Burg ist das Talgelände unbebaut. Die Burg wird von einem System von Wassergräben gesichert, ein Graben umgab unmittelbar den Bering der Kernburg, so daß man nicht – wie heute – trockenen Fußes an die Mauer herantreten konnte. Zugänglich war das Burgareal von Westen her, wobei es frühzeitig einen stadtseitigen Zugang im Süden der Vorburg und einen vor den Stadtmauern liegenden im Norden der Vorburg ähnlich dem heutigen Bestand gegeben haben dürfte.

Die nächsten Baumaßnahmen lassen sich ins 14. Jahrhundert bis um 1400 datieren. Der Palas wurde um 1330/40 aufgeteilt, die romanische Kapelle aufgestockt und um 1400 das innere Tor erneuert. Das in den Graben vorgeschobene innere Torhaus (Ludwigstor) und der Krumme Saalbau im Osten sind spätmittelalterliche Bauteile aus dem letzten Drittel des 15. Jahrhunderts, als man auch das äußere Torhaus errichtete, die Kapelle völlig erneuerte und den Krummen Saalbau aufführte. Zahlreiche Erker und Malereien sind Zufügungen aus dem 2. Viertel des 16. Jahrhunderts und zeigen Renaissanceformen; der Küchenbau im Südwesten verdankt seine heutige Erscheinung einem Ausbau der späten Renaissancezeit. Während des Barock kam es nur zu wenigen Veränderungen (Küchenbau, auffällig ist das Portal), ebenso im 19. Jahrhundert, als man den gemalten Saal im Küchenbau schuf, und im 20. Jahrhundert durch die behutsame Restaurierung vieler Räume und Bauten.

Wachtbau mit dem äußeren Tor von Süden, 1486 und 1531–33

Vogelschaubild der Burg Büdingen von Süden. Zeichnung: Timm Radt

1 Klassizistisches Tor (1803) – der äußere Schutz der Burg
2 Torhaus von 1486 und 1531–33 mit Durchfahrt und Erker
3 Die niedrige Bebauung der Vorburg
4 Das Nordtor des späten 17. Jahrhunderts
5 Der Neue Bau von 1836, an seiner Rückseite (verdeckt) die nördliche Ausfallpforte des späten 15. Jahrhunderts
6 Der Küchenbau sowie das Brauhaus von 1682
7 Das Ludwigstor zur Kernburg
8 Der ursprünglich frei stehende (jüngere) Bergfried aus der Mitte des 13. Jahrhunderts, der mit seinem schlankeren Aufbau aus dem späten 15. Jahrhundert die typische Butterfaßform ergibt
9 Weitgehend verdeckt durch den Bergfried steht der romanische Palas an der Nordseite der Burg; das obere Stockwerk wurde 1497 aufgesetzt
10 Die Kapelle, im Untergeschoß romanisch, im Aufbau gotisch und mit einem Obergeschoß von 1561; der Treppenturm daneben gehört ins 15. Jahrhundert
11 Krummer Saalbau, im Erdgeschoß mit der Hofstube
12 Küchenbau, wie alle Bauten auf der stauferzeitlichen Buckelquadermauer aufgesetzt, spätgotisch und nochmals um 1600 aufgestockt, mit zwei Erkern des 16. und einem des 19. Jahrhunderts
13 Binthaus neben der Tordurchfahrt, im Kern eines der romanischen Bauwerke
14 Wirtschaftsgebäude (Stallhof), errichtet 1603–11 zwischen Burg und südlicher Stadtmauer

Der Rundgang durch die Burg

Die Vorburg

DER KREISFÖRMIGEN KERNBURG ist die hufeisenförmige Vorburg vorgelagert, deren heutige Bauten zumeist dem 15. und 16. Jahrhundert angehören. Ihr wichtigstes Bauwerk ist das spätmittelalterliche Tor (Wachtbau) im Süden, das den Zugang zur Stadt sichert. Gegenüber befindet sich das jüngere Nordtor. Neben diesem Tor steht der Neue Bau von 1836, als nördlicher Anbau eine gedeckte Ausfallpforte des 15. Jahrhunderts. Die gesamte Vorburg wurde im späten Mittelalter als Wirtschaftshof erneuert, Reste einer mit Sicherheit vorhandenen hochmittelalterlichen Vorburg sind nicht bekannt.

Die Außenseite der Vorburg hat sehr unregelmäßiges Mauerwerk aus Bruchstein. Fast alle Fenster sind nachträgliche, nur wenige kleine querrechteckige Fenster sowie eine halbrund abgedeckte Schießscharte könnten ursprünglich sein und aus dem 15. Jahrhundert stammen. Das Nordtor des späten 17. Jahrhunderts ist nachträglich in die Mauer eingesetzt.

Nördlich der Vorburg fließt der Küchenbach, der ursprüngliche natürliche Wasserlauf des Seemenbaches, dessen Brücke durch eine frühneuzeitliche Befestigung gesichert ist. Man bemerkt eine vermauerte Scharte, vielleicht aus dem 15./16. Jahrhundert, und erkennt, daß der gemauerte Brückenbogen nachträglich entstand. Ursprünglich gab es wohl eine Holzbrücke, eventuell eine Zugbrücke. In der durch diesen Wassergraben geschützten äußeren Vorburg befindet sich ein Wirtschaftsgebäude (Brauhaus) aus dem Jahr 1682.

Das Südtor und der Wachtbau

Der Tor- und Wachtbau im Süden der Vorburg bildet den Hauptzugang zur Burg. Vor dem (verlandeten) Wassergraben befindet sich eine Mauer mit einem klassizistischen Tor (1803, EC für Ernst Casimir). Die Mauer enthält jedoch schmale Schlitzöffnungen sowie spätmittelalterliche Eckquaderungen. Es handelt sich hier um den Rest des äußeren Vortors aus dem späten 15. oder 16. Jahrhundert. Der Wachtbau mit der seitlichen Tordurchfahrt gehört weitgehend zu einer Bauphase von etwa 1486; bis auf den mittleren der drei Torbogen dieser Durchfahrt wurden die Tore 1531–33 erneuert. Über den spitzbogigen Toren

Die Hofseite des Wachtbaues von der Vorburg aus, links der Treppenturm zum Obergeschoß

Die Vorburg. Erdgeschoß im Wachtbau mit einem gewölbten Saal, Ende 15. Jahrhundert, um 1533 erneuert

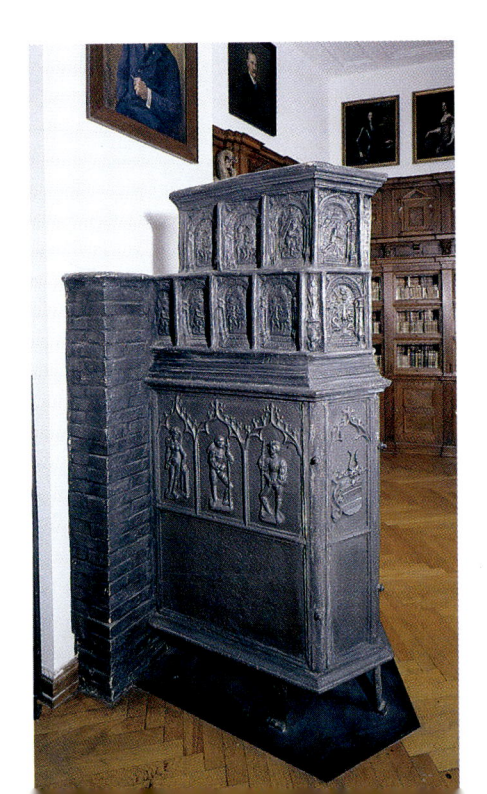

sitzen außen und innen Erker mit dem Wappen Graf Johanns III. von Ysenburg und seiner Gemahlin Anna von Schwartzburg. Beide Erker haben spätgotische Maßwerkverzierungen, der äußere trägt die Jahreszahl 1533. Bildhauer war Peter Vogel aus Frankfurt. Vor dem spitzbogigen Tor befand sich noch eine Verschlußkonstruktion, deren mit dem Torhaus baulich verbundene „Torpfeiler" noch erhalten sind. Erst vor diesen Pfeilern schlug vermutlich eine Zugbrücke an, von der sich allerdings keine Spuren erhalten haben. Ein Quader im Torbereich ist mit Hochwassermarken ab 1695 versehen.

Auf der südlichen Außenseite hat der Wachtbau im Sockelbereich zwei große Segmentbögen, die als typische Fundamentbögen Mängel im Baugrund überbrücken sollen; sie tragen die Außen-

Obergeschoß im Wachtbau. Eisengußofen von 1536 mit Kachelaufsatz von 1601

Die Vorburg

Der Neue Bau von 1836 in der Vorburg

mauer. Die eigentliche Kellermauer liegt weiter innen im Gebäude, ob sie Rest eines Vorgängerbaues ist, läßt sich nicht feststellen. Die Giebel sind dreieckig ausgeführt, die Kanten aus Quadern gemauert.

Die Tordurchfahrt ist zweijochig. Im äußeren Joch fällt noch ein steinerner Schiebeladen auf, hinter dem ein Schacht mündet (seine Funktion kennen wir nicht – als Abortschacht ist er kaum vorstellbar). Das spitzbogige Zwischentor hatte ursprünglich nach innen aufschlagende Torflügel, es finden sich Halterungen für Drehflügel und Maueröffnungen für Verschlußriegel. Das hofseitige Joch der Tordurchfahrt nimmt die Stelle des ursprünglichen Tores ein. Hofseits hat der Torbau einen ungewöhnlichen seitlichen Treppenturm von rundem Querschnitt und achteckigem Aufsatz und ein Portal mit spätgotischem Stabwerkgewände. An der Hoffassade gibt es einen spätgotischen Portalrest von etwa 1485 sowie Kreuzstockfenster dieser Zeit (eines wurde später eingefügt).
Innen verfügt der Wachtbau über einen gewölbten Saal mit achteckigen Säulen. Eine Pförtnerloge wirkt zwar wie nachträglich eingebaut, gehört aber zum ursprünglichen Raumkonzept.

Die Gewölbe mit ihren gekehlten Rippen machen eine Entstehung des Raumes im späten 15. Jahrhundert wahrscheinlich, die Farbfassungen wurden um 1533 erneuert. Das Treppengeländer (um 1600) zur Pförtnerloge war ursprünglich eine Freitreppe am Wohnhaus des Bildhauers Conrad Büttner, es wurde erst nach dem Zweiten Weltkrieg durch Otto Friedrich von Ysenburg gerettet und hier eingebaut.
Im Obergeschoß des Torbaues ist heute ein Eisengußofen von 1536 mit Kachelaufsatz untergebracht. Die Modeln zu den Kacheln stammen von Conrad Büttner (um 1601). Ein zweiter Ofen von etwa 1609 gehört von Anfang an in das Torhaus. Er trägt das Wappen von Graf Wolfgang Ernst und seiner Gemahlin Elisabeth von Nassau-Katzenelnbogen.

Ausfallpforte des späten 15. Jahrhunderts an der Rückseite des Neuen Baues von Norden

Das Nordtor der Vorburg

KEIN TORHAUS, sondern nur eine Mauer mit einer rundbogigen Toröffnung schließt seit der Zeit um 1670/80 die Vorburg im Norden ab. Außen hat die Toröffnung eine rechteckige Rahmung aus Bossenquadern, eine im 17. Jahrhundert sehr beliebte Gestaltungsweise. Die Quader haben eine kissenförmige glatte Oberfläche und sehen aus wie Stücke einer Schokoladentafel. Vorausgegangen war ein spätgotisches Torhaus wenige Schritte weiter östlich (s.u.), heute durch die Kanzlei verdeckt.

Die übrigen Gebäude der Vorburg

DIE GEBÄUDE lehnen sich an die hufeisenförmige Wehrmauer des späten Mittelalters an, die die Vorburg im Westen absichert. Ursprünglich handelte es sich vermutlich um niedrige Fachwerkbauten, die später durch einen Dachausbau vergrößert und schließlich weitgehend massiv erneuert wurden. Nur das erste Gebäude neben dem Wachtbau besteht noch aus Fachwerk, aus der Zeit um etwa 1700.

Der Neue Bau von 1836 ist ein wohl proportioniertes, aber schlichtes klassizistisches Gebäude mit einfachen Innenräumen, ursprünglich als Wohnung des Erbgrafen durch dessen Vater Ernst Casmir III. errichtet, heute zur Aufnahme des Archivs und der Verwaltung genutzt. Daneben steht, aus dem regelmäßigen Ring der Vorburg nach Norden herausgerückt und vom Hof aus nicht zu sehen, das nördliche Ausfalltor, das heute wie ein seitlicher Anbau an den Neuen Bau wirkt. Er ist ein schmales Bauwerk aus dem letzten Viertel des 15. Jahrhunderts, nach Norden hin mit einem rundbogigen Tor und einer Nische für eine Zugbrücke. Auffällig sind das aus großen Quadern bestehende Mauerwerk sowie die Einschußlöcher einer Belagerung im Dreißigjährigen Krieg, als der Torraum heftig unter Feuer lag.

Auf der Nordseite der Vorburg schließt hier ein Verbindungsbau zur Kernburg an. Dem Mauerwerk nach entstand er schon im 16. oder 17. Jahrhundert, nachträglich zwischen Burg und Neuen Bau gesetzt. Er hat eine nur vom Garten aus zu sehende, große rundbogige Öffnung im Sockelbereich zur Überbrückung des ehemaligen Wassergrabens, der die Kernburg umgab.

Blick vom Bergfried nach Westen in die Vorburg

Die Vorburg

Neuer Bau

„Neuer Bau" ist ein Standardbegriff in alten Archivalien. Selbstverständlich war immer der gerade zu errichtende Bau ein „neuer Bau". Daher kommt der Begriff auch häufiger vor, mitunter sogar bei einem einzigen Schloß. Neuer Bau war in Büdinger Schloßakten einmal das Wachthaus, also das Äußere Torhaus, dann sein Gegenüber, das Torhaus nach Norden, schließlich mehr als 300 Jahre später das dort vorgelagerte klassizistische Wohnhaus, das heute Archiv und Verwaltung enthält. Offenbar gab es in der Vorburg umfassendere Neubaumaßnahmen als in der Kernburg, wo fast immer vorhandene Bauteile erneuert werden mußten.

Die Außenseite der Kernburg von der Vorburg aus, Erker links vom Ludwigstor mit spätgotischem Blendmaßwerk. Deutlich zu unterscheiden sind das romanische Buckelquadermauerwerk und die verputzte spätere Aufstockung

Die Kernburg

DIE KERNBURG ist ein geschlossener, wehrhaft wirkender Bau und wird von einer ringförmigen Buckelquadermauer eingefaßt. Sie war in romanischer Zeit von einem umlaufenden Wassergraben umgeben, der sie auch von der Vorburg abtrennte. Da man an diese Ringmauer hofseits mehrere Gebäude anschließen wollte, mauerte man sie (dreizehn)eckig. So ergibt sich im Ganzen ein unregelmäßiger Grundriß. Von der Vorburg aus blickt man auf die staufische Buckelquadermauer, die bis in 6 m Höhe über dem jetzigen Bodenniveau als romanische Mauer erhalten ist (weitere mindestens 2 m stecken in der Erde). Die Quader sind gleichmäßig in Schichten gemauert. Einige Quader sind schmal und sitzen hochkant in ihrer Schicht. Man spricht hierbei von Orthostaten; es handelt sich um eine in staufischer Zeit verbreitete Mauerungstechnik. Zinnen oder einen Wehrgang sucht der Betrachter vergeblich, einen Gang auf der Mauerkrone dürfte es ursprünglich aber gegeben haben (s.u. Kapelle).

Buckelquader und Steinmetztechnik

Als Buckelquader bezeichnet man viereckig behauene Steine, deren Oberfläche unbearbeitet wirkt und daher wie ein Buckel vorragt. Nur die Kanten der Ansichtsseite des Quaders sind mit einem Randschlag geglättet. Für den Steinmetz ist dieser Randschlag fast unentbehrlich, weil er nur mit ihrer Hilfe die Steine rechtwinklig behauen kann – dies ist Voraussetzung für ein gerades (lotrechtes) Mauerwerk. Die verbleibenden „Buckel" können völlig unbearbeitet aussehen – etwas abgespitzt sind sie immer (Buckelquader), sie können aber auch sorgfältig gerundet sein (Kissenquader) oder eine etwas erhabene, jedoch geglättete Fläche (Spiegelquader) haben. Die verschiedenen Varianten, vor allem der Buckelquader selbst, gelten als typisch stauferzeitlich (Mitte 12. bis Mitte 13. Jahrhundert), kommen jedoch auch noch im Spätmittelalter vor und tauchen in der Renaissance bis weit in das 17. Jahrhundert in etwas anderer Gestaltung erneut auf (Bossenquader). Die Buckelquader haben in Büdingen einen Randschlag, der mit dem Meißel erstellt wird, schräg gehauen. Die Kanten der Buckelquader sind abgespitzt, auf den Buckeln (!) befinden sich Steinmetzzeichen, hier in der Regel der Kreis. In Büdingen hat nur ein Teil der Buckelquader neben dem Ludwigstor mittig ein kleines Loch, das zum Eingreifen der Kranzange, also für den Bauvorgang, wichtig war. Solche Zangenlöcher kommen erst im 12., in der Regel sogar erst im 13. Jahrhundert auf. In Büdingen gehören sie zu einer Neuaufmauerung dieses Bauteils mit wiederverwendeten romanischen Steinen im 15. Jahrhundert.

Die Kernburg, Gartenseite im Bereich des Palas. Buckelquader der romanischen Ringmauer, vereinzelt mit Steinmetzzeichen, gegen 1200; mit den in einem zweiten Bauabschnitt eingesetzten Fenstern

Die Kernburg

Die Kernburg, Gartenseite. Romanischer Palas, Bergfried des 13. Jahrhunderts und Verbindungsbau zur Vorburg

Die Außenseite der Kernburg

VON DER VORBURG AUS hat man die Schauseite der Kernburg vor sich und damit das Stück der Außenseite zwischen dem Ludwigstor und der Kanzlei (Neuer Bau). In diesem Abschnitt haben die Buckelquader Kranlöcher, vermutlich war die Mauer im 15. Jahrhundert abgetragen und wieder errichtet worden. Der obere Abschluß der Buckelquadermauer ist hier – nur hier – unregelmäßig, die spätmittelalterliche Aufmauerung wurde verputzt. Im mittleren der drei Geschosse sehen wir

Die Kernburg, Gartenseite, Buckelquader der romanischen Ringmauer im Bereich der Kapelle

Die Kernburg, Gartenseite.
Kapellenmauerwerk mit einer Konsole von 1552

Kreuzstockfenster sowie einen Erker mit Maßwerkbrüstung. Mehrfach erscheint das Wappen von Anton I. von Ysenburg-Ronneburg und seiner Gemahlin Elisabeth von Wied, mit Jahreszahlen zwischen 1536 und 1555, zu dieser Zeit hat es also nochmals Umbauten gegeben.

An dieser Stelle ist auch auf die Außenseiten der Kernburg hinzuweisen, die für den Besucher nicht unmittelbar zugänglich sind. Im Nordwesten steht der Palas, dessen Außenseite von der nördlichen Zufahrt aus zu sehen ist. Hier lassen sich mehrere Bauabschnitte bzw. Bauphasen unterscheiden. Bis zum Bogenansatz der Palasfenster handelt es sich um ein einheitliches Buckelquadermauerwerk, darüber folgen bis zum Geschoßgesims flaches Mauerwerk und dann erst das romanische Palasobergeschoß. Über diesem setzt der romanische Dreiecksgiebel an, durch eine spätgotische Aufstockung von 1497 überschnitten. In die Buckelquadermauer sind zwei romanische Palasfenster nachträglich eingebrochen worden. Ihre Gewände haben aber die gleichen Steinmetzzeichen, sie sind also nur wenig später entstanden als die Buckelquader selbst. Zwischen Palas und Kapelle befindet sich ein schmaler Zwickel, nachträglich

Die Kernburg, Gartenseite. Kapelle mit Buckelqadermauerwerk, gotischer Aufstockung, Aufstockung von 1561 sowie Konsolen des Laufganges von 1552

Die Kernburg

Die Kernburg, Gartenseite. Krummer Saalbau aus dem späten 15. Jahrhundert und Anschluß an den Küchenbau

überbaut und zum Park hin durch einen Abortschacht im späten Mittelalter verstellt. In romanischer Zeit saßen über der Ringmauer folglich nur Einzelbauten, es gab keine durchgehende Bauflucht wie heute. Der Palas überragte die übrigen Gebäude deutlich.

Bei der Kapelle und im weiteren Verlauf der Ringmauer reicht gegenüber dem Palas das Buckelquadermauerwerk um etwa einen Meter weiter hinauf, nämlich bis auf die Höhe des Gesimses des Palasbaues. Da Ringmauer, Palas und Kapelle von den gleichen Handwerkern errichtet wurden, zeigt dies den Bauverlauf an. Wahrscheinlich vollendete man die Ringmauer, nachdem eine gewisse Schutzhöhe erreicht war, nur abschnittsweise und ließ sie im Palasbereich etwas niedriger, um den Palas als repräsentatives Gebäude durch glattes Mauerwerk noch hervorzuheben. Den Palas mit seinen Fenstern führte man aber erst als letzten Abschnitt aus.

An der Kapelle erkennt man die spätmittelalterliche Aufstockung mit den nachträglich eingebrochenen Spitzbogenfenstern und darüber eine Renaissanceaufstockung; die gotische Kapelle nimmt noch die Traufhöhe des Palas auf. 1552 wurde auf der Außenseite der Kapelle ein Laufgang angebracht, von dem die Konsolen noch erhalten sind (eine abweichende Konsole ist später, 1556, eingesetzt worden). Die Buckelquader hat man im Bereich dieses – bis auf die Konsolen wieder verschwundenen – Ganges abgespitzt. So konnte man vom Ostflügel zum Palas gelangen, ohne die Kapelle betreten zu müssen.

Am Übergang vom Krummen Saalbau zum Küchenbau im Südosten läßt sich die Bauabfolge ablesen: Zunächst errichtete man die Ringmauer, später das erste Obergeschoß des Küchenbaues darüber, im 15. Jahrhundert das Obergeschoß des Krummen Saalbaues mit einem Dreiecksgiebel; zugleich wurde der Küchenbau ein weiteres Mal aufgestockt. Schließlich folgte um 1600 das zweite Obergeschoß des Küchenbaues.

Der Küchenbau ist nach Westen durch einen Renaissancegiebel von etwa 1600 abgeschlossen, der den Eindruck des Schlosses vom Außentor aus mitbestimmt. Die kleinen Giebelstufen sind jeweils durch einen Viertelkreisaufsatz betont. Der Küchenbau hat im Südwesten einen stärkeren Knick, an dem die Buckelquader eine sehr sorgfältig ausgearbeitete Kante zeigen. Südwestlich sitzt am unteren Geschoß ein Erker aus dem Jahre 1846, die Dachkanten zeigen Reste eines spätgotischen Eckerkers der Zeit um 1470/80. Ein Erker von 1545 links daneben nimmt im Sockelbereich ein großes rundbogiges Kellerportal auf (Wappen Ysenburg/Schwartzburg). Westlich davon befindet sich ein polygonaler Eckerker, durch eine Mauer unterfangen. Zwischen ihm und dem Torbau erkennt man die Spuren eines besonders großen, inzwischen wieder abgebrochenen spätgotischen Erkers, dessen Konsolstein noch vorhanden ist. Daneben sind kleine Fenster zu erkennen, die auffälligsten romanischen Fensteröffnungen am Außenbau der Burg. Sie gehören zum ursprünglichen Wachtbau neben dem Tor. Außer Palas, Kapelle und Bergfried ist dies das vierte nachweisbare Gebäude aus der Stauferzeit.

Die Vorburg. Blick zur Kernburg und zum Ludwigstor, im Vordergrund der Wachtbau

Die Kernburg

Das Tor zur Kernburg (Ludwigstor)

WIR STEHEN WIEDER in der Vorburg und blicken noch einmal auf die Kernburg. Vor dem Tor fallen die barocken Statuen zweier wilder Männer auf, für den Lustgarten gefertigte Wappenhalter von 1711/12, die im 19. Jahrhundert hierher versetzt wurden. Das Allianzwappen benennt Ernst Casimir I. von Ysenburg und seine Gemahlin, Christine Eleonore v. Stolberg-Gedern, Bildhauer war Joh. Heinrich Spengler († 1728).

Das Torhaus ist zweiteilig. Beide Teile sind unterschiedlich alt; das staufische Tor ist aber nicht mehr erhalten. Vom älteren Torbau (um 1400) innerhalb des Mauerringes sehen wir von außen den linken Giebel und einen bauzeitlichen Abortturm. Diesem älteren Bau ist ein etwas jüngeres Gebäude (um 1480/90) mit nachträglichem, barockem Mansarddach vorgestellt. Es ragt folglich aus dem einheitlichen Polygon der Kernburg heraus und überdeckte den ursprünglichen Graben. Seitlich zum Graben hin gibt es Schießscharten, die für kleine Geschütze oder Hakenbüchsen dienten und nach oben hin abgedeckt sind. Das Einfahrtstor und daneben die Fußgängerpforte sitzen in vertieften Mauernischen. Über dem spitzbogigen Einfahrtstor erkennt man die Rollen der einstigen Zugbrücke – auch in spätgotischer Zeit, als dieses Torhaus Ende des 15. Jahrhunderts unter Graf Ludwig II. errichtet wurde, bestand noch ein Wassergraben. Das Wappen Graf Ludwigs findet sich im Sterngewölbe innerhalb der Torhalle.

Die Gewölbehalle endet vor der romanischen Ringmauer, deren Buckelquader aber sorgfältig abgespitzt wurden. Der tief gekehlte, innere Torbogen ist nachträglich eingesetzt worden. Über ihm sitzt das Wappen der Herren von Büdingen mit dem Hardecker Löwen (noch 13. Jahrhundert), später ergänzt um das gestreifte Ysenburger Wappen (14. Jahrhundert oder um 1400). Der innere Teil des Tores dürfte zuletzt um 1400 erneuert worden sein. Dieses Tor war durch zwei Drehflügel geschlossen und durch einen Verschlußbalken gesichert.

Durchfahrt im Ludwigstor mit Blick auf den älteren Torbogen im Verlauf der stauferzeitlichen Ringmauer ▷

Die Vorburg. Blick zur Kernburg, Seitenansicht des Ludwigstores

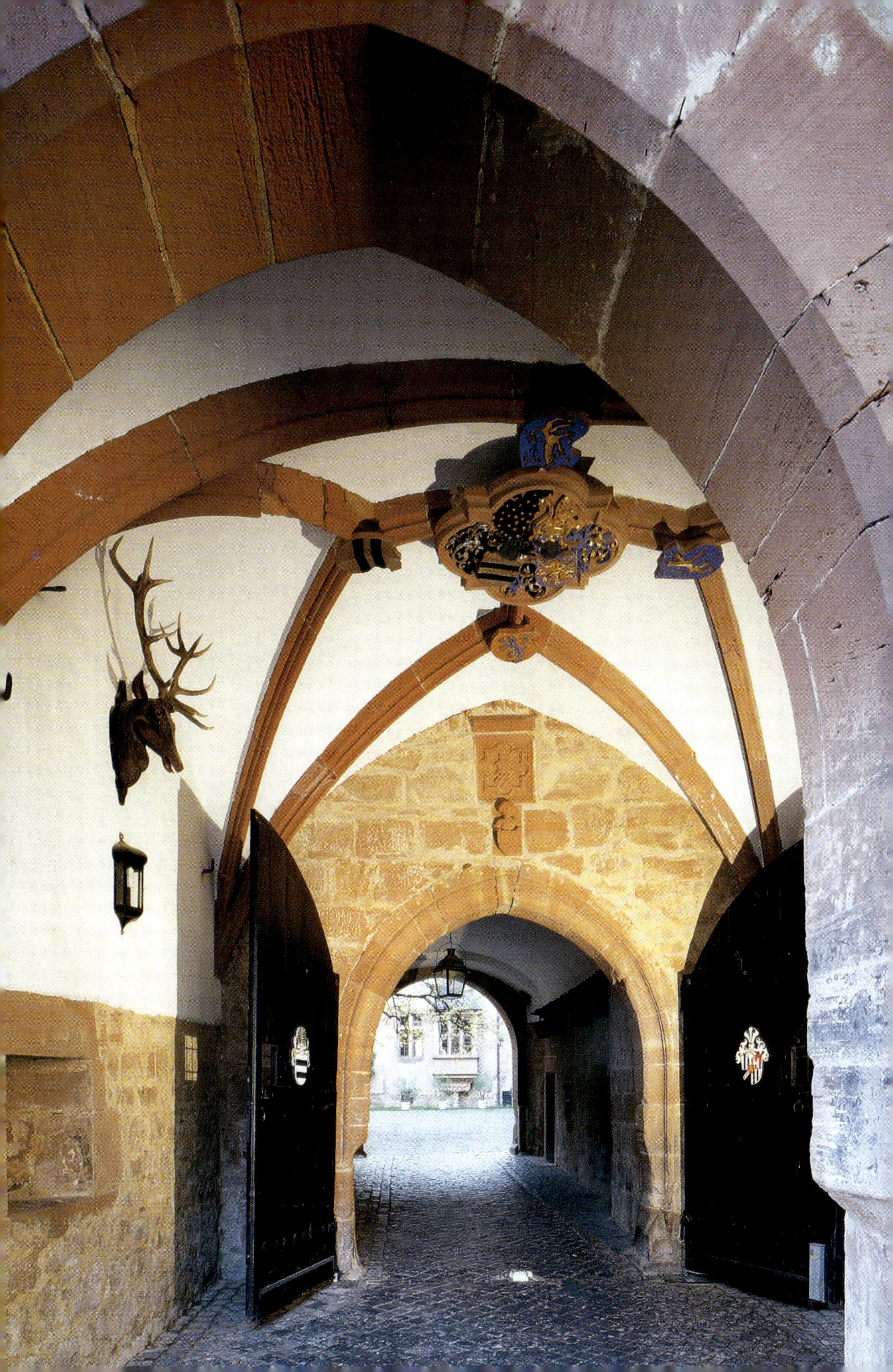

Der Innenhof der Kernburg

DER HOF IST heute im Gegensatz zur Stauferzeit durch eine geschlossene Bebauung eingefaßt. Nur der Blick auf die Dächer läßt die einzelnen, unterschiedlich alten Bauwerke erkennen. Es handelt sich – im Uhrzeigersinn – um den Bergfried links (nördlich) des Torbaues, den Palas, den Kapellenbau, den Krummen Saalbau (im Osten), den Küchen- bzw. Wohnbau im Süden und als Zwickel das Binthaus südwestlich neben dem Torhaus. Der Gesamteindruck des Innenhofes wird durch den Bergfried, vier Treppentürme und mehrere Erker bestimmt. Alle vier Treppentürme haben einen runden Grundriß sowie sphärisch gewölbte Portale.

Die Grabung 1952 – Der ältere Bergfried

1952 fand eine Ausgrabung im Schloßhof statt, die für die Baugeschichte der Burg wesentliche Bedeutung hat. Wie zuverlässig die Grabungsdokumentation ist, muß aber leider offen bleiben, zumal die Datierung der Befunde seinerzeit weitgehend unzutreffend war. Immerhin fand man Teile eines Holzrostes, die sich dendrochronologisch in die Jahre um 1131 (+/- 10 Jahre) datieren ließen. Damit kommt man der Gründungszeit der Burg sehr nahe, auch wenn man zugehörige Bauteile leider nicht mehr identifizieren kann. Es ist die älteste gesicherte Bauzeit der Burg, die mit einer historischen Erwähnung übereinstimmt. Wichtigstes Ergebnis war der Fund eines Bergfriedstumpfes aus Buckelquadermauerwerk im Osten des Burghofes. Das Mauerwerk paßt zur Ausbauphase des späten 12. Jahrhunderts (nicht um 1131). Das Hofniveau lag damals etwa 2 m tiefer als heute.

Weitere Angaben in der bisherigen Fachliteratur sind spekulativ. So kennen wir auch nicht den Zeitpunkt der Zerstörung des Bergfrieds. Möglicherweise haben beide Bergfriede zeitweilig nebeneinander bestanden (wie in Münzenberg), zumal der erhaltene zweite Bergfried nicht mit Baumaterial des älteren aufgebaut worden ist; beispielsweise zeigt er keine Buckelquader. Der Krumme Saalbau anstelle des älteren Bergfrieds entstand erst im 15. Jahrhundert, eventuell verschwand der ältere Bergfried also erst sehr spät.

Der jüngere Bergfried

NEBEN DER TORDURCHFAHRT erhebt sich der bruchsteingemauerte zylindrische Bergfried, schon durch sein Baumaterial von den stauferzeitlichen Buckelquadermauern unterschieden. Bei einer Höhe von 25,8 m und einem Durchmesser von 10,6 m verfügt er über etwa 3 m dickes Mauerwerk. Er hat übereinander fünf Gewölbe und war ursprünglich nur durch eine Tür im ersten Obergeschoß zugänglich. Ursprünglich gelangte man über Leitern zu dieser Tür. Der schlankere Aufsatz gehört dem späten 15. Jahrhundert an; die Form aus einem dickeren und darüber einem dünneren Zylinder nennt man in Hessen nach dem entsprechenden früheren Küchengerät „Butterfaßform". Sie ist oft – wie hier – das Ergebnis spätmittelalterlicher Umbauten. Der hölzerne Turmhelm wurde sogar erst 1758 aufgesetzt. Der erkerartige Fenstereinbau im Hocherdgeschoß samt äußerem Kellerzugang gehört in eine Zeit, als der Bergfried seine Wehrfunktion längst eingebüßt hatte. Darauf bezieht sich die unter Graf Wolfgang Ernst 1610 eingemeißelte Inschrift „TVRRIS FORTISSIMA

Der Burghof nach Westen mit Blick auf den Bergfried (nach Wagner, Kunstdenkmäler des Kreises Büdingen, 1890)

Der Hof der Kernburg mit dem Bergfried und seinem Treppenturm

Die Kernburg

NOMEN DOMINI" (Der stärkste Turm ist der Name des Herren). Im Innern hat der Bergfried fünf Kugelgewölbe, also runde Tonnengewölbe, übereinander, eines der Geschosse ist nur durch eine Luke im Gewölbe zugänglich. Der gesamte Bergfried hat seit langem keine Gebrauchsfunktion mehr. Schon in der Renaissancezeit kann er kaum mehr als symbolische Bedeutung gehabt haben.

Der Bergfried wird heute durch einen Treppenturm erschlossen, in den ein nachträglich eingebautes Portal führt. Die Inschrift nennt in einer Schriftform des 17. Jahrhunderts „den 30. Tag Marci anno 1530", vermutlich doch das korrekte Datum. Der Treppenturm verstellt einen Teil des romanischen Palas, für den er zugleich als Erschließung dient. Oberhalb der Aufstockung über dem Palas hat er ein Geschoßgesims, hier setzt ein viergeschossiger Aufbau an, der mit Gerüstlöchern versehen ist. Innerhalb des Treppenturms sieht man in den mittleren Geschossen an der Außenmauer des romanischen Saalbaus spätgotische Malereien (Schriftbänder), die offenbar zur Außenmauer des Palas oder einem früheren Anbau gehören.

Die den Bergfried einfassende Zwickelumbauung bis zur Ringmauer stammt aus dem 15. Jahrhundert, bis dahin stand der Bergfried frei hinter der Ringmauer. Nach der Funktion eines der Räume wird der gesamte Bauteil als Backhaus bezeichnet.

Der romanische Palas

VOM PALAS ERKENNT man hofseits nur kleine Fassadenstücke mit drei romanischen rundbogigen Fensteröffnungen und einem Portal mit Kleeblattbogen im quadergemauerten Hocherdgeschoß (mittleres Geschoß) sowie einem Fenster im verputzten ersten Obergeschoß. Das ursprüngliche Erdgeschoß ist durch die Anhebung des Hofniveaus verdeckt und dient heute als Keller. Im übrigen ist der Bau durch zwei Treppentürme und einen dreifenstrigen Standerker von etwa 1570 verdeckt, den Wolfgang Ernst 1601 nach einem Erbfall mit einem neuen Inschriftstein versehen ließ. Oberhalb des Erkers entdeckt man am Übergang zur Kapelle, jedoch schon auf Höhe des Traufgesimses der gotischen Kapellenaufstockung den Rest eines romanischen Rundbogenfrieses – hier befand sich der Giebelansatz

Eugène-Emanuel Viollet-le-Duc, Umbau eines mittelalterlichen Bergfriedes zu einem Renaissanceturm (aus dem „Dictionnaire raisonné de l'architecture française du XI au XVI siècle", Paris 1858–1868)

*Giebelanfänger des romanischen Palas
(nach Wagner, Kunstdenkmäler des
Kreises Büdingen, 1890)*

des Palas aus dem 12. Jahrhundert. Der erwähnte romanische Eingang zum mittleren Palasgeschoß befindet sich zwischen dem ersten und zweiten Treppenturm links. An den Gewänden ist ein Kreis als Steinmetzzeichen zu sehen.

Die romanischen Giebelansätze aus Konsolsteinen und Resten der Gesimse sind auf beiden Seiten noch erhalten, der romanische Westgiebel des Palas unter der Dachfläche sogar fast vollständig; seine westliche Kontur war durch einen

*Innenansicht des Hofes zu Kapelle und Palas mit älterem, um etwa 2 m niedrigerem Hofniveau im frühen 13. Jahrhundert.
Zeichnung: Timm Radt*

Die Kernburg

Rundbogenfries betont. Zudem gab es im Giebeldreieck zwei Zwillingsfenster und ein Rundfenster, also eine recht aufwendige romanische Gestaltung. Betont wurde diese Giebelseite zudem durch das dreiteilige Fenster des Byzantinischen Gemachs. Der Treppenturm am Palas weist unter der obersten Fensterreihe eine Baufuge auf, direkt darunter sitzen vermauerte Fenster. Die Baufuge entspricht in etwa der Höhe des romanischen Palasgesimses. Dies spricht dafür, daß dieser Treppenturm, wie übrigens auch derjenige vor der Kapelle, vor den Aufstockungen von Palas (1497) und Kapelle entstanden ist, also zur Bauphase von spätestens etwa 1470 gehört.

Dendrochronologie

Die Bauforschung kennt seit mehreren Jahrzehnten eine Methode, mit der man Holz exakt datieren kann: die Dendrochronologie. Die Methode beruht auf dem Wachstum des Holzes, das vom Klima abhängig ist und sich auf die Breite der Jahresringe auswirkt. Mit Hilfe einer Bohrprobe oder einer Holzscheibe werden die Jahresringe des verbauten Holzes gemessen und das jeweilige Wachstum ermittelt. Man entnimmt die Probe möglichst an einer Stelle, an der sich der letzte Jahresring unter der Rinde erhalten hat (Waldkante). Durch den Vergleich mit früher datierten Holzproben läßt sich so der Fällungszeitpunkt des Holzes aufs Jahr genau feststellen. Vielfach nachgewiesen ist, daß Holz immer frisch verarbeitet worden ist. Der letzte Jahresring gibt somit Fällungs- und Baujahr an. Beachten muß der Forscher allerdings, daß Holz bei Umbauten wiederverwendet sein kein, entsprechende Merkmale muß er daher kontrollieren. Ist die Waldkante des Holzes nicht mehr erhalten, kann zudem der Fällungszeitpunkt nur ungefähr bestimmt werden. Die Datierungen in Büdingen gehören zu den ersten dendrochronologischen Datierungen in Deutschland.

„Rittersaal" (Kemenate) im Erdgeschoß des Palas. Das romanische Palasfenster wird durch das spätgotische Gewölbe angeschnitten. Daneben erkennt man das Medaillonbild von etwa 1550

Die Innenräume des Palas

DER PALAS HAT über dem Keller zwei Hauptgeschosse aus romanischer Zeit, die Aufstockung entstand 1497. Im Hauptgeschoß enthält er einen heute als Rittersaal bezeichneten Raum (östlich), den Herkulessaal (Mitte) und das Gemalte Gemach (westlich), im Obergeschoß das Byzantinische Gemach (westlich). Ältere Quellen nennen den Bauteil insgesamt Graf-Diether-Kemenate. Der für den Besucher heute nicht zugängliche Keller war in staufischer Zeit ein vollwertiges Nutzgeschoß mit Aufenthaltsräumen. Hierauf deutet ein verziertes Fenster in diesem Sockel-

◁ Blick in den Palas in romanischer Zeit.
Zeichnung: Timm Radt

Der Innenhof mit Blick zum Palas und zur Kapelle

Die Kernburg

geschoß zum Graben hin. Das Hofniveau lag seinerzeit ja etwa 2 m tiefer, der Graben reichte noch weiter hinab.

Der „Rittersaal"

ALS RITTERSAAL WIRD (heute) der östliche Raum im Palas bezeichnet. Zur Hofseite sowie zur Gartenseite gab es romanische Fenster. Ein spätgotisches Gewölbe (um 1490) mit reicher figürlicher und ornamentaler Malerei deckt den Raum, der zudem mit Wandmalereien und gemalten Portalumrahmungen der Renaissancezeit ausgestattet ist (Mitte 16. Jahrhundert). Herausragend ist ein Medaillonbild mit Darstellung des Schlosses Büdingen. An der hofseitigen Mauer fällt ein gemalter Renaissancebaldachin auf, Figuren und eine gedeckte Tafel sind nur noch schwach erhalten. Der hofseitige Renaissanceerker aus der Zeit um 1570 verstellt ein älteres Palasportal. Die Fußbodenplatten tragen Steinmetzzeichen oder Versatzziffern (I, II, III, IV), im Gegensatz zur Kapelle wohl keine romanischen Steinmetzzeichen.

„Rittersaal" (Kemenate) im Erdgeschoß des Palas, ornamentales Detail der Deckenbemalung, Mitte 16. Jahrhundert

Herkulessaal im Erdgeschoß des Palas. Das Wandgemälde zeigt Samson, der mit bloßen Armen gegen den Löwen kämpft, Mitte 16. Jahrhundert

Das Medaillonbild zeigt Schloß Büdingen von Norden im Zustand von etwa 1550, jedenfalls vor 1561, und ist daher eine wichtige Quelle zur Baugeschichte. Das Schloß wird durch ein vergittertes Rundfenster gesehen, ein bemerkenswerter Illusionismus, für den es in Hessen in dieser Zeit kein Vergleichsbeispiel gibt. Die gotische Aufstockung der Kapelle ist auf dem Gemälde vorhanden, der Wassergraben noch erhalten. Der Renaissanceaufbau der Hohen Schule über der Kapelle fehlt aber noch, ebenso der äußere Umgang an der Kapelle sowie der Helm auf dem Bergfried.

Der Herkulessaal

IM HERKULESSAAL STEHT an der Nordmauer ein Renaissancekamin auf Säulen, am Sturz die verschlungenen Buchstaben AEPL (unter einer Krone), um 1600. Er ersetzt einen romanischen Kamin an gleicher Stelle, was die Benennung des Bauteils als Kemenate erklärt; die Kaminkonsole

Das Gemalte Zimmer im Erdgeschoß des Palas hat seinen Namen nach der „Wappentapete" aus der Zeit kurz nach 1332; der Raum wurde aber 1546 im Stil der Renaissance nochmals umfassend übermalt

wird man im benachbarten Gemalten Zimmer entdecken. Hofseits befindet sich in diesem Raum eine große rundbogige Öffnung aus romanischer Zeit, vom Treppenturm verstellt.
Das Gewölbe entspricht stilistisch mit seinem verdrehten, verbogenen und geknickten Rippen der Hofstube (um 1480/90), zudem ist es illusionistisch bemalt. Die Portale sind mit gemalten Renaissancegewänden versehen, die Gewölbezwickel mit Blattwerk verziert. Die Wandmalereien aus der Mitte des 16. Jahrhunderts zeigen den Helden der Antike, Herkules, und den des Alten Testaments, Samson. Auf einem großen, über die Raumecke reichenden Wandbild sieht man Herkules, der mit weitem Schwung ausholt, mit seiner Keule die Hydra zu erschlagen, der zwei Köpfe nachwachsen, würde man ihr einen abschlagen. Gegenüber steht Samson vor einer hügeligen Landschaft, mit ausgestreckten bloßen Armen nach dem Löwen greifend, um ihn zu zerreißen. Die Herkulessage war gerade in der Renaissance ein beliebtes Mittel, gerechte Macht und Stärke des Herrschers, hier also der Grafen von Ysenburg, zu symbolisieren; Samson stellte die Verbindung zum christlichen Glauben bzw. zur Bibel her.

Das „Gemalte Zimmer"

IN DER MAUER zwischen dem Gemalten Zimmer und dem Herkulessaal sitzt die erwähnte romanische Kaminkonsole. Die Trennmauer wurde im 14. Jahrhundert, das spätgotische Sterngewölbe erst im späten 15. Jahrhundert eingefügt, ursprünglich handelte es sich zusammen mit dem Herkulessaal um einen einzigen größeren Raum, der vielleicht sogar den gesamten Palasgrundriß einnahm. Von der älteren Dekoration zeugen die tapetenartig aufgemalten Wappen an den Mauern, die wohl aus den 30er Jahren des 14. Jahrhunderts stammen und dem Raum den Namen verliehen haben dürften. Die Malerei an der Trennmauer zeigt das Sparrenwappen von Hanau in Rot und Gold (Gelb) und das Balkenwappen von Ysenburg in Schwarz und Weiß und dürfte

Die Kernburg

Palas, Wandmalerei im unteren Geschoß, Musikgemälde: die Musiktheorie des Pythagoras

sich folglich auf Heinrich von Ysenburg beziehen, der seit 1332 mit der Hanauer Grafentochter Adelheid verheiratet war. Die Wappenfolge an den anderen Mauern, die uns heute vor allem dekorativ erscheint, gibt mit ihren verschiedenen Wappenbildern den Stammbaum des Ehepaars wieder und ist damit ein bemerkenswertes Beispiel für eine symbolische Ahnengalerie. In der Renaissancezeit wurden solche Ahnenproben sehr beliebt, doch ausgerechnet in dieser Zeit hat man die Wappen in Büdingen übermalt, wohl, weil sie nicht mehr aktuell waren. Dies geschah, als man die Gewölbe einzog. Zur älteren Bemalung gehören noch die Weihekreuze in der gartenseitigen Nische, die daher als Altarnische gedeutet

Romanische Kaminwange in der Mauer zwischen Herkulessaal und Gemaltem Gemach im Erdgeschoß des Palas. Der Kamin saß ursprünglich an der nördlichen Seite des Raumes

Obergeschoß im Palas, westlicher Giebel. Das ursprüngliche Fenster fällt durch die Knotensäule auf, die in der Bauzeit schon vom Tor aus zu sehen war

praxis, wobei die mittlere Gruppe für die Baßmusik im Innenraum steht (Cembalo, Gambe, Bratsche, Querflöte, Sänger), während die rechte Gruppe die Musik im Außenraum repräsentiert (Regal, Posaune, Zink). Beides sind Aspekte der höfischen Musik. Hinzu treten die exotische Musik sowie die bukolische Musik im Hintergrund. Gemalt wurde das Bild von Hans Abel, Mainz. Propheten (Daniel, Samuel, Jesaias, Hesekiel) und Evangelisten (Matthäus, Markus, Lukas, Johannes) zieren die Gewölbekappen jeweils mit Beschriftungen und Assistenzfiguren (Engel, Löwe, Stier, Adler).

wird (eventuell war in dieser Phase die Schloßkapelle außer Gebrauch), hofseits lassen sich eine Madonna, das Schweißtuch der Veronika sowie ein Weltenrad erkennen. Letzteres war ein beliebtes Motiv, um Auf- und Niedergang des Menschen, seine persönliche Vergänglichkeit und die seines Ruhmes zu verdeutlichen.

Die renaissancezeitliche Ausmalung ist inschriftlich 1546 datiert. Die Portale sind Rankenmalereien mit Fabelwesen und einem schlangenbezwingenden nackten Mann eingefaßt, typisch für die frühe Renaissance. Besonders auffällig ist das große Wandbild, auf dem eine Dame und zahlreiche Männer heftig damit beschäftigt sind, Töne zu erzeugen: Es handelt sich jedoch keineswegs um eine Allegorie auf Geräusche schlechthin. Die Schmiede links im Bild bezieht sich vielmehr auf eine antike Sage, demzufolge Pythagoras aufgrund der unterschiedlichen Töne, die durch verschieden schwere Schmiedehämmer erzeugt werden, auf musikalische Intervalle schloß. Dieser Teil des Bildes verkörpert sozusagen die Musiktheorie. Die übrigen Teile des Gemäldes zeigen die Musik-

Obergeschoß im Palas, westlicher Giebel.
Die romanische Knotensäule

Die Kernburg

Das Byzanthinische Gemach im ersten Obergeschoß

IM OBEREN GESCHOSS befindet sich die bekannte Doppelsäulenarkade mit der Knotensäule an der ehemaligen Westmauer. Die Öffnung war wahrscheinlich unverschlossen; drei Bogen stützen sich auf zwei vierteilige Säulchen; bei einer der Säulchen sind die einzelnen Schäfte wie umeinander geknotet. Daneben befindet sich ein romanischer Kaminsturz auf spätgotischen Stützen. Es ist allerdings nicht klar, ob der Kamin ursprünglich hier saß und nur die Stützen später ausgetauscht wurden oder ob der Kamin hier insgesamt nachträglich eingebaut worden ist. Zum Garten hin hat der Raum ein dreiteiliges rundbogiges Renaissancefenster in einer romanischen Fensternische.

Die Palasaufstockung

1497 WURDE EIN STOCKWERK auf den Palas gesetzt und nahe dem zweiten Treppenturm durch eine innere Wendeltreppe mit steinerner Spindel erschlossen, oben mit einem interessanten Fachwerkgerüst und einem spätgotischen Kielbogenportal endend. Hier gibt es einen hofseitigen Gang, von dem aus mehrere Kielbogenportale sowohl in den Treppenturm als auch in die außen liegenden Gemächer führen. In den beiden westlichen Räumen findet man die zwei stauferzeitlichen Zwillingsfenster des Palasgiebels. Der nach außen weisende Raum hat im Fenster zudem eine sehr große Steinplatte als Wasserablauf nach außen (eine Art Waschküche). Der hofseitige Gang erhielt 1530 eine Tür zur Schloßkapelle. Nach der Schloßteilung schuf sich dadurch Anton von Ysenburg einen bequemeren Zugang. Innerhalb des zweiten Treppenturms gibt es im obersten Geschoß Farbfassungen an den Fenstern von 1531, vielleicht wurde der Treppenturm erst zu diesem Zeitpunkt aufgestockt.

Die Hofapotheke

DER ZWICKEL ZWISCHEN Kapelle und Palas („Kemenate") wurde erst im Spätmittelalter überbaut. Er diente als Hofapotheke, später vielleicht sogar als Alchimistenküche: Ein Funkenschirm ist mit einer Bauinschrift vom 12. Jvlii 1552 versehen, die gleiche Jahreszahl trägt das Türgewände, durch das man zu dem äußeren Umgang um die Kapelle gelangen konnte; daneben sitzt ein Aborterker. Die kleine Kammer kann kaum als Küche gedient haben, die Herdstelle nicht zur Bewirtschaftung der Burgbesatzung, vielmehr war der Raum die Apotheke. Zudem wird vermutet, daß es sich im 18. Jahrhundert um eine Alchimistenküche handelt – das Experimentieren zur Erfindung neuer Stoffe war im 16. bis 18. Jahrhundert sehr beliebt. Die romanische Kapelle öffnet sich zu diesem (ursprünglich nicht überbauten) Bereich mit einem Okulus (Rundfenster); ein späteres Rundbogenportal führt in die gotische Kapelle, ein Rundbogenportal mit nachträglicher Abfasung in die Kemenate.

Blick in die Apotheke bzw. Alchemistenküche, die den schmalen Zwickel zwischen Palas und Kapelle ausnutzt

Die Kapelle

AUCH DEM BAUGESCHICHTLICH nicht geübtem Besucher wird es leicht fallen, auf der Hofseite die romanischen Teile von den gotischen zu unterscheiden und zudem das im 16. Jahrhundert aufgesetzte oberste Geschoß zu erkennen. Die Bauabfolge ist aber noch etwas komplizierter:

Zunächst gab es die kleine romanische Kapelle, anschließend wurde sie um zwei Wohngeschosse aufgestockt. 1456 wurde eine im Grundriß auf das heutige Maß vergrößerte Kapelle geweiht. Im nächsten Schritt baute man um 1495–97 die jetzige spätgotische Kapelle aus; schließlich erfolgte

Das romanische Kapellenportal im Hof der Burg Büdingen zeigt das tiefere Hofniveau der Bauzeit an

Die Kernburg

1561 die Aufstockung des obersten Geschosses, das als Hohe Schule diente, sozusagen ein frühes Gymnasium, 1601 in die Stadt verlegt.
Die Kapellenfassade ist zwischen den Erker des 16. Jahrhunderts und einen runden Treppenturm eingezwängt. Die romanische Kapelle war ein kleiner rechteckiger Saalbau. Der Ostabschluß wurde bei einer Probegrabung 1928 gefunden, läßt sich heute jedoch nicht mehr nachweisen, das Aussehen der Apsis ist völlig unbekannt. Erhalten blieb hingegen das bemerkenswerte romanische Portal, dessen rundbogiges Tympanon (Bogenfeld) einen breiten Flechtwerkrahmen mit einem Kreuz aufweist, vor dem zwei Menschen knien und beten. Das Gewände des Portals ist mehrfach abgetreppt und mit „eingestellten" Säulchen versehen, es ist also besonders hervorgehoben. Es führt in die heute vertieft liegende romanische Kapelle. Da die Ausgrabungen 1952 ein deutlich niedrigeres Hofniveau bewiesen haben, war das Portal der Kapelle ursprünglich aber nicht so eingetieft, sondern eher durch einige Stufen über dem romanischen Hofniveau erhaben, die Keller der anschließenden Wohnbauten liegen deutlich tiefer. Über dem Portal befindet sich noch ein aus Quadern gemauertes Geschoß mit rundbogigen Fenstern. Darüber wechselt das Mauerwerk zu verputztem Bruchstein, zugleich sieht man ein großes spitzbogiges Maßwerkfenster. Dies ist die gotische Aufstockung. Die Unterkante der Maßwerkfenster kennzeichnet etwa die Oberkante der romanischen Kapelle. Die gotische Aufstockung erfolgte bereits im 14. Jahrhundert für die Schaffung zweier Wohngeschosse, vermutlich wurde 1456 dort eine Kapelle eingerichtet, von der das Weihedatum überliefert ist. Die vermauerten Rechteckfenster und die Zugänge vom Treppenturm sind von diesem Ausbau noch erhalten. Zum Dach schloß die Aufstockung mit einem Gesims ab. Die heutige gotische Kapelle entstand im letzten Jahrzehnt des 15. Jahrhunderts unter Wahrung der Außenmauern bei völliger Erneuerung des Inneren. – Der runde Treppenturm an der Kapelle hat auf der gleichen

Die gotische Burgkapelle, Blick nach Osten. Die Empore links nutzt den Wehrgang der romanischen Burg ▷

Der Kellerraum unter der gotischen Kapelle ist tatsächlich der erhalten gebliebene Teil der romanischen Burgkapelle, Blick nach Westen

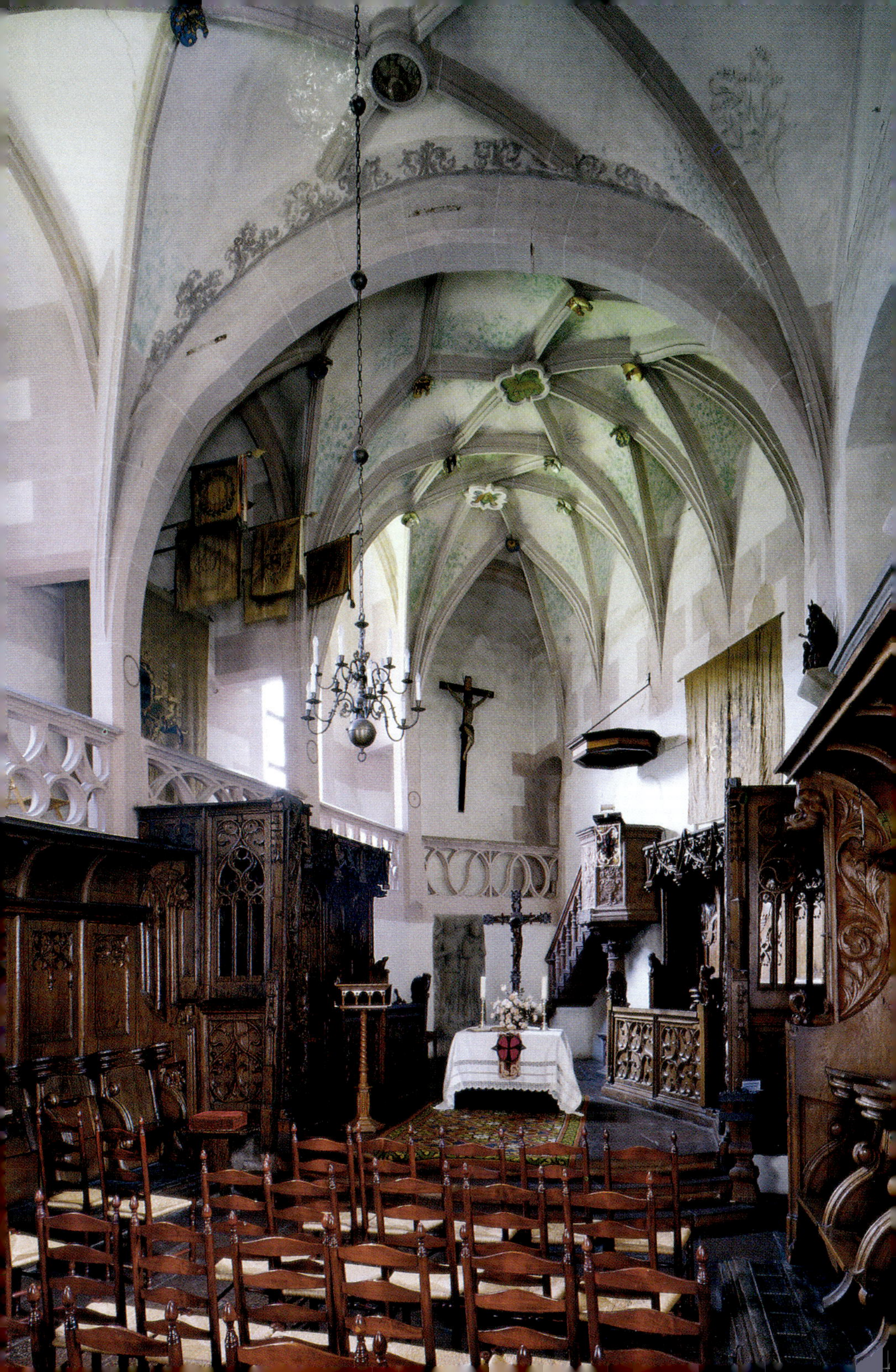

Die Kernburg

Höhe ein umlaufendes Gesims, das vom Krummen Saalbau bis über die Kapelle reicht; er entstand also auch bereits im 15. Jahrhundert.
Das romanische Portal führt in ein seit dem späten 15. Jahrhundert separates, gewölbtes Untergeschoß, das heute als Lapidarium (Steinsammlung) genutzt wird. Das Gewölbe überschneidet sich mit dem romanischen Portal leicht und mit den romanischen Fenstern stark. Die Hofmauer ist neben dem romanischen Portalgewände aus Bruchquadern gemauert. Die Innenseite der Außenmauer ist mit sehr sorgfältigem Quadermauerwerk versehen, mit Randschlag und schräg „geflächten" Steinoberflächen (die „Fläche" ist ein im Mittelalter geläufiges Werkzeug, gehauen wird mit einer beilähnlichen Fläche), was für eine Entstehung in der zweiten Hälfte des 12. Jahrhunderts sprechen könnte. Etwa mittig im heutigen Kellerniveau und damit wiederum das romanische Portal überschneidend, befinden sich kräf-

Die gotische Burgkapelle. Spätgotisches Chorgestühl mit Familienwappen und Heiligenbildern

Die gotische Burgkapelle. Das Chorgestühl schufen 1497–99 Peter Schanntz und Michel Silge aus Worms. Der hl. Florian löscht mit einem Wasserkübel eine brennende Burg

tige Balkenlöcher von mehr als 30 x 30 cm. Diese Balkenlöcher sind wohl zur Vorbereitung für ein zunächst geplantes Gebäude eingebaut und vielleicht nie benutzt worden, da man schließlich an dieser Stelle die romanische Kapelle errichtete. Typisch für den hochmittelalterlichen Burgenbau ist jedenfalls, daß man zunächst die Umfassungsmauer errichtete und anschließend die innere Bebauung ergänzte.
Die gotische Kapelle ist vom Grundriß her eigentümlich, da auch sie dem Verlauf der äußeren Ringmauer angepaßt ist, aber gegenüber der romanischen Kapelle nach Osten deutlich mehr Platz beansprucht und zudem die Mauern der Wohnbauaufstockung nutzt. So ergibt sich ein spitz zulaufender Raum, der nach Osten immer

schmaler wird und wie übriggeblieben wirkt. Auf der Nordostseite sitzt die Kirche auf der romanischen Ringmauer, deren Oberkante, vielleicht der Bereich eines früheren Wehrgangs, als seitliche Empore dient. Ein kräftiger Gurtbogen teilt den Kirchensaal, der etwa der Größe der romanischen Kapelle entspricht, vom Chor ab, der die spätgotische Erweiterung darstellt. Der Kirchenraum wird durch ein gotisches Rippengewölbe überdeckt, das über der Wehrmauer von Pfeilern getragen wird. Die Pfeiler werden von der Empore durchbrochen. Zwischen den Pfeilern hat die Empore eine Maßwerkbrüstung. Das Gewölbe, im Osten und Westen ein Sterngewölbe, dazwischen ein Netz-

Die gotische Burgkapelle. Kanzel des Steinmetzen Conrad Büttner von 1610

Die Kernburg

gewölbe, trägt an allen Kreuzungsstellen der Rippen eine Scheibe. Dreimal sind Marterwerkzeuge Christi dargestellt, einmal die Sonne (hier auch als Symbol Christi), sechzehnmal handelt es sich um Familienwappen, also eine „Ahnenprobe". Diese beziehen sich auf Graf Ludwig II., der ab 1461 regierte. Da über der Empore die Wappen für Philipp von Ysenburg und Amalie von Rieneck, also Sohn und Schwiegertochter Ludwigs, die 1495 in die Familie Ysenburg einheiratete, hinzukommen, muß die Kirche ab etwa 1495 entstanden sein. Das Chorgestühl von 1497 datiert in etwa den Abschluß der Arbeiten. Auf dem Fußboden liegen Sandsteinplatten mit romanischen Steinmetzzeichen, offenbar wiederverwendete Bodenplatten der romanischen Kapelle, übrigens ein seltener Beleg für Steinmetzzeichen in Fußbodenplatten. Auf der Westempore befindet sich ein Schulterbogenportal von 1530, das als nachträgliche Verbindung zum Obergeschoß des Palasbaues dient („Kapellengang") und als direkter Kapellenzugang von Graf Anton und seiner Familie nach der Teilung der Burg genutzt werden konnte. Eindrucksvollstes spätgotisches Ausstattungsstück ist das Chorgestühl, das der erhaltenen Abrechnung zufolge 1497–99 von Peter Schanntz und Michel Silge aus Worms geschnitzt wurde. Die beiden Gestühle zu Seiten des Altars haben je sechs Sitze und sind mit figürlichen Schnitzereien an der Rückwand und an den Seitenwangen versehen, nämlich mit den Kirchenpatronen Johannes Ev. und Johannes d. T., ferner mit den Heiligen Barbara und Sebastian sowie Agnes und Katharina. Der hl. Florian löscht eine in Brand geratene spätgotische Burg. Schließlich finden sich die Wappen Ludwigs II. (1461–1511) und seiner Gemahlin Maria von Nassau sowie Philipps von Ysenburg und seiner Gemahlin Amalie von Rieneck. Eindrucksvoll sind die geschnitzten Ranken und das spätgotische Maßwerk mit in den Raum vortretendem Kielbogen als oberem Abschluß. Repräsentiert das

Krummer Saalbau. Hofstube mit achteckigem Pfeiler und unterschiedlichen Rippenanfängern im Erdgeschoß, Ende 15. Jahrhundert

Krummer Saal, Graf-Diether-Saal. Erker zum Hof mit bemaltem Gewölbe von 1547

Chorgestühl die letzte katholische Phase des Gotteshauses, so steht die Kanzel für den Wechsel zum Protestantismus. 1543 wurde das lutherische Bekenntnis eingeführt, 1601 der reformierte Glaube. 1610 ließ Graf Wolfgang Ernst die Steinkanzel durch den Steinmetz Conrad Büttner schaffen. In flachem Relief sind die Wappen des Grafen und seiner Gemahlin Elisabeth eingehauen, ferner symbolische Darstellungen auf die Vergänglichkeit, eine Sanduhr, ein Leuchter mit Kerze und ein Sarg mit einem Skelett.

Der „Krumme Saalbau"

DER ZWEIGESCHOSSIGE Krumme Saalbau bildet den Ostflügel der Burg. Im Grundriß nimmt sein Erdgeschoß zwei gewölbte Räume ein, jeder annähernd quadratisch, mit einer Mittelstütze und je vier Jochen, die aufgrund des vieleckigen Burggrundrisses jedoch sehr verzogen sind. Das Bauwerk ist zeitnahe mit der gotischen Schloßkapelle errichtet worden, also noch unter Ludwig II., ein Holz der inneren Trennwand im Erdgeschoß ist dendrochronologisch 1490 datiert. Der Graf-Diether-Saal, seit dem 17. Jahrhundert so bezeichnet, benennt wohl irrtümlich den Vorgänger Ludwigs II. Er liegt nächst dem Treppenturm, der auch die Kapelle erschließt, und ist an der Hofseite mit einem Erker von 1547 versehen. Im übrigen ist die Hoffassade recht schmucklos. Hofseits gehören die Kreuzstockfenster und das spitzbogige Portal vermutlich der Phase um 1490 an, die übrigen Teile dem 16. Jahrhundert. Ein Fenster im südlichen Raum, der Hofstube, trägt die Jahreszahl 1555, die sich auf den Umbau bezieht.

Die Kernburg

Krummer Saalbau, Graf-Diether-Saal. Wandgemälde mit Darstellung einer Eberjagd nach einem niederländischen Kupferstich, 1553

Graf-Diether-Saal und Hofstube

GRAF-DIETHER-SAAL (Ebersaal) und Hofstube haben jeweils vier Kreuzrippengewölbe auf einem achteckigen Mittelpfeiler, der das Gewölbe zu durchstoßen scheint. Am Pfeiler setzen die Gewölberippen alle in unterschiedlicher Höhe an, auch an den Außenmauern treffen sie sich nicht auf einer Ebene. Hier ist ein Beispiel der „ironischen" Wölbtechnik zu sehen. Verstärkt wird dies noch durch die Unregelmäßigkeiten des Grundrisses, da die polygonale Ringmauer als Außenmauer des Gebäudes verwendet wurde. An der Gartenseite findet sich im Graf-Diether-Saal ein kleines Portal, auf den 30. May von 1552 datiert, das auf den später wieder abgebrochenen Umgang führt, auf dem man außen um die Kapelle herum in den Palas gelangen konnte. Die Jahreszahlen – 1546 bis 1552 – sprechen für zwei Planungsschritte, denn sechs Jahre hätte man für einen solchen Umbau trotz der ansehnlichen Bauteile und der renaissancezeitlichen Ausmalung im jüngeren Erker (1547, mit den Wappen Graf Antons und Elisabeths von Wied) keinesfalls benötigt. Kreuzstockfenster und Tür stammen aus der Bauzeit Graf Ludwigs im späten 15. Jahrhundert, ebenso die kleinen Fenster auf der Gartenseite der Hofstube. Ein Renaissancekamin mit zwei Freisäulen und den Buchstaben AEPL auf dem Sturz entspricht dem Kamin im Herkulessaal, ihn ließ Wolfgang Ernst um 1600 einbauen. Im Graf-Diether-Saal wurde an der Südmauer ein großflächiges Wandgemälde freigelegt, 1553 entstanden. Es zeigt die Jagd auf einen Eber, der ein ganzes Dorf in Schrecken versetzt hat. Häuser, Einfriedungen und Wege wurden vom Maler nach dem Muster niederländischer Landschaftsbilder gemalt, die besonders durch die Druckgraphik schon damals eine weite Verbreitung fanden. Wahrscheinlich stammt auch dies Gemälde von Hans Abel, Mainz. In der Hofstube weisen auf der Seite zum Garten die kleinen Rechteckfenster in kleineren Nischen auf den ursprünglichen Bauzustand, zum Hof hin haben die Kreuzstockfenster großzügigere Sitznischen.

Der Saal im Obergeschoß des Krummen Saalbaues

ÜBER DEM GRAF-DIETHER-SAAL und der Hofstube befindet sich ein großer, flach gedeckter, geknickter Saal mit vier Holzstützen, dessen Mittelstützenreihe heute zu einer Wand geschlossen ist. An der Stirnwand zur Kapelle sitzt ein großer, auf die gesamte Raumbreite bezogener Kamin (1998 erneuert). Im späten Mittelalter bzw. in der frühen Neuzeit war dies der Hauptsaal des Schlosses als Ersatz für den in einzelne Räume aufgeteilten und durch den Bergfried verstellten und verdunkelten Palas. Heute dient der ehem. Saal, selbst wieder aufgeteilt, als Bibliothek.

Der Küchenbau

ALS KÜCHENBAU WIRD der dreigeschossige Südbau mit zwei Zwerchgiebeln bezeichnet, trotz älterer Baureste das auffälligste Renaissancegebäude im Burghof. Renaissancezeitlich ist allerdings nur das oberste Geschoß mit den Giebeln, um 1600. Die Fenster haben zwei unterschiedliche Profile, was man nur bei sehr genauem Hinsehen bemerkt, nämlich Kehle ohne bzw. Kehle mit Falz. Das Kreuzstockfenster über dem Portal kennzeichnet noch die spätgotische Substanz, die etwas einfacheren Fenster sind hingegen renaissancezeitlich. Zu den Bauteilen des 15. Jahrhunderts zählen auch das Quadermauerstück im Erd-

Blick auf den Küchenbau von 1470 mit der Renaissanceaufstockung von etwa 1600

Die Kernburg

Blick vom Bergfried auf den Küchenbau und seinen Renaissancegiebel, um 1600

Das Barockportal am Küchenbau, um 1670, und Erker von etwa 1546

Der Innenhof mit Blick zum Küchenbau im späten 15. Jahrhundert, mit einheitlicher Traufhöhe. Zeichnung: Timm Radt

geschoß und die vermauerte Öffnung links des Erkers. Der Wappenstein über dem Quadermauerwerk datiert den Küchenbau in die Zeit des Grafen Ludwig und das Jahr 1470. Ein Narr mit langen Eselsohren hält die beiden Wappen fest. Der Erker selbst wurde vermutlich 1546 in die Mauer eingebrochen, im Innern findet sich an einer Querwand eine entsprechende Jahreszahl. Das Portal ist noch jünger: Mit seinem schon barock anmutenden Dekor („Knorpelstil") ist es erst um 1670 entstanden; der Steinmetz war Barthel Schneller. Das Doppelwappen verweist auf Graf Johann Ernst und seine Gemahlin Maria Charlotte von Erbach. Typische Renaissanceelemente sind die beiden Zwerchhäuser mit ihren ausladenden Schweifwerkgiebeln, bei denen sich die Voluten mit den senkrechten Gliedern überkreuzen (um 1600), ferner die Hauptgiebel des Gebäudes mit kleinen Giebelstufen und Viertelkreisaufsätzen sowie Obelisken. In der Höhe dürfte der Küchenbau vor dem Renaissanceausbau den benachbarten Flügeln entsprochen haben, die Gesimse der an ihn anschließenden Gebäude (Binthaus am Tor mit Treppenturm sowie Krummer Saalbau) enden abrupt auf dieser Höhe. Im Spätmittelalter war die Hofbebauung also zunächst ausgesprochen einheitlich – zumindest einheitlich hoch.

Die Innenräume im Küchenbau

DAS BAROCKE PORTAL führt in einen Flur und ein gleichfalls barockes Treppenhaus mit Portal und Treppe im Knorpelstil der Jahre um 1670. Vom Flur aus gelangt man durch eine Tür von 1546 in die Küche. Erhalten ist noch der große

55

Die Kernburg

Gemalter Saal im Küchenbau. Schlacht bei Göllheim 1298 mit dem Tod König Adolfs von Nassau und Hermanns von Ysenburg. Wandgemälde von Rudolf Hofmann, 1846–53

Herdbogen, heute als Trennung von zwei Räumen genutzt. Unter der Barocktreppe ist der Rest eines Kamingewändes erhalten, vielleicht noch aus dem 14., spätestens aus dem 15. Jahrhundert. Weiterhin betritt man vom Flurraum aus durch eine neugotische Tür den Gemalten Saal.

Der Gemalte Saal

DER RAUM RECHTS (westlich) neben dem Haupttreppenhaus wurde vermutlich um 1490 ausgebaut, sein Gewölbe entspricht dem des Wachthausbaues. Es wirkt mit abgeknickten Rippen zum Teil manieristisch, vor allem im östlichen Teil des Raumes. Zudem gibt es ein reiches spätgotisches Stabwerkportal. Vor allem die Ausmalung macht den Saal bedeutend. Sie wurde 1846–53 von Rudolf Hofmann, Darmstadt, entworfen und ausgeführt. Hofmann steht dabei auf einer Stilstufe mit den berühmten Wartburgbildern des Moritz von Schwind, die nahezu gleichzeitig entstanden. Die farbigen Bilder sind so aufgemalt, als handele es sich um Wandteppiche mit feinen Bordüren und Troddeln. Sie stellen einzelne Szenen aus der Geschichte der Grafschaft dar. An den Längswänden sehen wir die Verlobung Ludwigs von Ysenburg mit Heilwig von Büdingen, gewissermaßen die Gründungssage der Burg, ferner die Legende der Verleihung des Ysenburger Wappens sowie die Schlacht von 1298 bei Göllheim mit dem Tode König Adolfs von Nassau, in dessen Gefolge die Ysenburger standen. In der hofseitigen linken Fensternische erkennt man den hl. Hubertus sowie die hl. Elisabeth mit ihren Kindern vor der Stadt Marburg, in der östlichen Fensternische

Maria und den hl. Georg. Kleinere Szenen beleben den Raum, etwa Minne- und Jagdszenen, eine Bärenjagd, eine Hirschjagd, eine Eberjagd, ein Narrenspiel, ein Turnier und eine Wirtshausszene mit Würfelspiel und Trinkgelage. Eingefaßt werden die Hauptbilder durch eine romantische Bemalung mit Ranken und Wappen.

Das Wirtschaftsgebäude (Stallhof)

SÜDLICH DES SCHLOSSES befindet sich der geräumige Stallhof, der unter Graf Wolfgang Ernst zwischen 1603 und 1611 errichtet worden war. Besonders auffällig sind die querovalen Fenster an dem langgestreckten Steingebäude entlang der Straße. Hierbei handelt es sich um den Marstall. Zum Stallhof gehören ferner zwei große Scheunen, den Bauinschriften nach weitgehend 1709 und 1769 entstanden. Die Rückseite der äußeren Scheune nimmt zugleich den Verlauf der Stadtmauer auf; das Schloß ist dadurch in den Mauerring eingebunden.

Das Schloß in der Stadt

NICHT NUR DER LAIE, auch der Fachmann wünscht sich klare und damit einfache Verhältnisse. Dies gilt in vielfacher Hinsicht – und immer wieder wird man enttäuscht. Übertragen auf mittelalterliche Baugewohnheiten, jedoch ausgehend von der seit dem 19. Jahrhundert geprägten einfachen Typenbenennung von Gebäuden, sieht man in dem ummauerten und gesondert stehenden Burgkomplex die adelige und in der ummauerten Stadt die bürgerliche Architektur. Doch in dieser bürgerlichen Stadt gibt es ebenfalls adelige Architektur. Die Ritterstraße enthält mehrere Adelssitze von Dienstmannen, die auf der Burg tätig waren und nicht dem Rat der Stadt unterstellt waren. Dies kennen wir übrigens von etlichen Städten, beispielsweise Gelnhausen und Marburg. Darüber hinaus gibt es aber innerhalb der Stadtmauern Büdingens und zugleich außerhalb des Schloßkomplexes zwei Bauten der Ysenburger, die Erweiterungen des Schlosses bilden und doch weit von ihm entfernt stehen: der Oberhof und das Steinerne Haus, der eine im Nordosten der Altstadt (also nordwestlich des Schlosses) gelegen, das andere im Süden der Altstadt (südwestlich des Schlosses).

Gemalter Saal im Küchenbau.
Die hl. Elisabeth vor der Silhouette der Stadt Marburg.
Wandgemälde von R. Hofmann, 1846–53

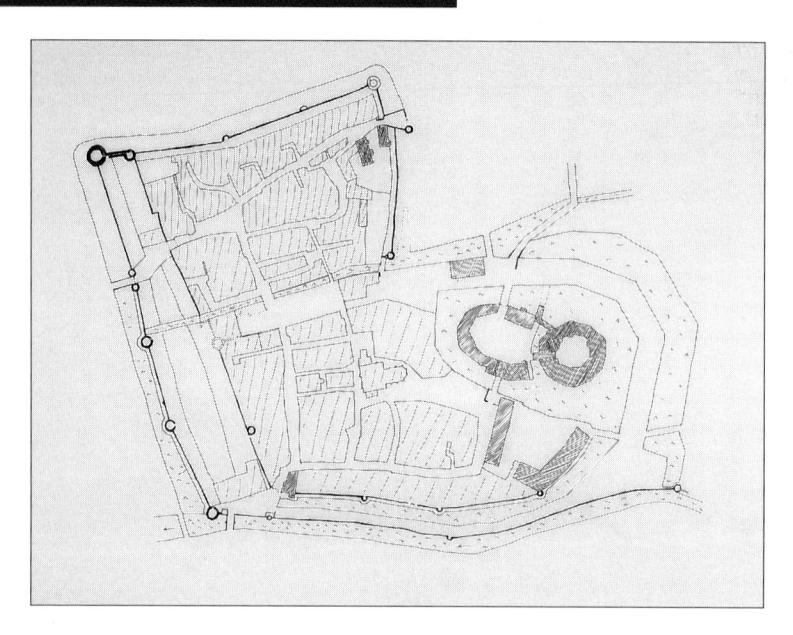

Ein Schloß in der Stadt

Stadtplan Büdingens im Zustand um 1900

Der Oberhof

DER OBERHOF ENTSTAND 1569–71 im Auftrag Graf Georgs von Ysenburg-Ronneburg für seine Gemahlin Barbara von Wertheim, deren Mitgift die Finanzierung des Bauvorhabens sicherte. Ein Grund zur Errichtung des Wohnbaues lag in der Teilung des Schlosses 1529 auf die beiden Hauptlinien sowie der nochmaligen Teilung der Ronneburger Hälfte unter die Brüder Georg, Wolfgang und Heinrich, so daß Georg keinen Anteil am Schloß mehr hatte, ein anderer darin, daß der Ausbau von Schloß Meerholz zur Residenz durch Einspruch der nahegelegenen Stadt Gelnhausen scheiterte. Das Bauwerk sollte als gemeinsamer Wohnsitz dienen.

Eine Inschrift nennt nicht nur den Bauherren und den Tag der Grundsteinlegung, sondern auch den Baumeister, Conrad Leonhard. Der Hof, bestehend aus dem bemerkenswerten Herrenhaus und kleineren Nebengebäuden, liegt unmittelbar an der Stadtmauer. Das Herrenhaus wirkt wie ein kleines freistehendes Landschlößchen. Für die Renaissance in Hessen typisch sind der Wendeltreppenturm an der Längsseite des Gebäudes, der über alle Geschosse reichende Standerker und der geschwungene Giebel. Das Untergeschoß enthielt einen kleinen Saal und eine Küche, in den Erker-

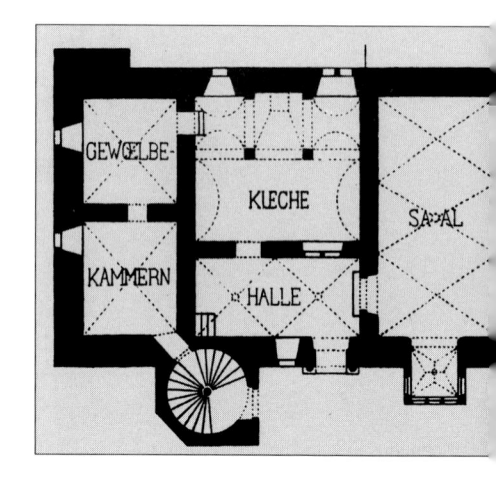

Grundriß des Oberhofs (nach Wagner, Kunstdenkmäler des Kreises Büdingen, 1890)

Der Oberhof, 1569–71 im Auftrag Graf Georgs am Nordrand der Neustadt Büdingens errichtet

zimmern der beiden Obergeschosse lagen entsprechende Säle. Das Treppenturmportal hat noch den ursprünglichen hölzernen Türflügel.

Das Steinerne Haus

DAS STEINERNE HAUS ist das eindrucksvollste Wohnhaus in der Altstadt Büdingens. Seine Giebelfront bestimmt die am Rathaus vorbeiführende Straße „Altstadt" weit mehr als das Rathaus selbst. Unter Verwendung der Seitenfront der ehemaligen Mühlpforte (Balkenlöcher, Balkenauflager und Durchgang zum Wehrgang sowie Halterung des Fallgatters erkennbar) ließ Graf Johann 1510/11 das Steinerne Haus als Wohnsitz in der Stadt errichten, vielleicht unter dem Eindruck der

Ein Schloß in der Stadt

bevorstehenden Teilung des Büdinger Besitzes und damit des Schlosses. Zu dieser Teilung sollte es durch den Tod des Vaters, Ludwig II., im Jahre 1511 kommen, baulich wurde sie im Schloß selbst aber erst 1529 vollzogen. Das Haus bestimmt den Eindruck der Straße mit seiner steinernen Fassade und dem Treppengiebel sowie dem blendmaßwerkverzierten Eckerker. Dieser ist dabei so weit aus der Fassade vorgezogen, daß er einen guten Blick auf die Straße sowie auf die im rechten Winkel liegende Schloßgasse und den zum Adelshof gehörenden Garten bzw. Hofplatz gewährt. Im Grundriß ist der Erker also nach Nordosten rechteckig und sonst stumpfwinklig. Zur Stadtseite hin ist er mit dem Ysenburger Wappen versehen, so daß für niemanden ein Zweifel an der gräflichen Urheberschaft bestand. Das Gebäude war auffällig reich durchfenstert, wobei die Kreuzstockfenster im Erdgeschoß besonders groß gewesen sind. An der Seitenfront gibt es einen runden Treppenturm sowie daneben eine kleine Tür. Diese hat aber nicht zu einem Aborterker

Der Oberhof, Ansicht und Steinmetzzeichen (nach Wagner, Kunstdenkmäler des Kreises Büdingen, 1890)

Das Steinerne Haus, Ansicht (nach Wagner, Kunstdenkmäler des Kreises Büdingen, 1890)

geführt, der sich dann über die Torgasse hätte ergießen müssen, sondern zu einem außen angebrachten Laufgang, dessen Konsolen sich an der Seite noch deutlich abzeichnen. Möglicherweise endete dieser Laufgang im Erker oder zumindest am Erker, wo eines der Brüstungsfelder nicht reliefgeschmückt ist. Nicht zuletzt durch diese Details ist das Steinerne Haus ein schon in seiner Außenarchitektur außergewöhnliches Gebäude, das sich nicht nur gegenüber den Bürgerhäusern, sondern auch gegenüber den Adelshöfen deutlich abhob.

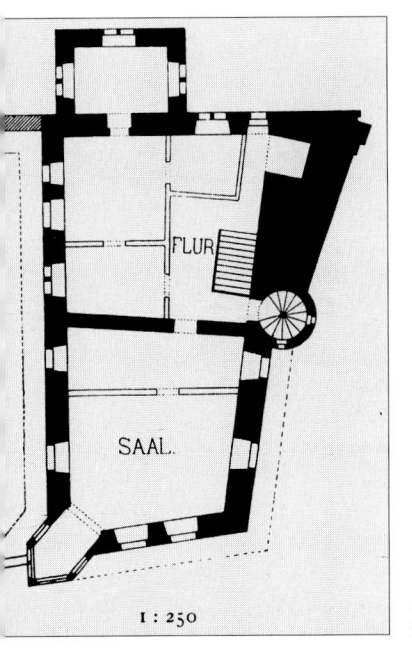

1 : 250

Das Steinerne Haus, Grundriß des 1. Obergeschosses (nach Wagner, Kunstdenkmäler des Kreises Büdingen, 1890)

Ein Schloß in der Stadt

Das Jerusalemer Tor, ursprünglich als Unterpforte bezeichnet, das Stadttor der Büdinger Neustadt, 1503

Die Stadtmauer

DIE BÜDINGER STADTMAUER ist in außergewöhnlichem Umfang erhalten und besonders sehenswert. Die Stadt ist unmittelbar mit dem Befestigungssystem der Burg verbunden.
Die Altstadt wurde vor der Mitte des 14. Jahrhunderts ummauert, die Neustadt nördlich davon im späten 14. Jahrhundert. Bei dieser Gelegenheit vereinigte man beide Städte. Die westliche und die südliche Längsseite der Stadt erhielten um 1500 eine neue Ummauerung, die mit etwas Abstand der älteren vorgelegt wurde. Sie zählt zu den besonders interessanten Stadtmauern in Hessen, nicht zuletzt wegen des eindrucksvollen westlichen Tores, das ursprünglich die Bezeichnung Unterpforte trug und seit Jahrhunderten als Jerusalemer Tor bezeichnet wird. Bauherr des Tores war Graf Ludwig II., eine Inschrift nennt das Baujahr 1503.

Die ältere Stadtmauer setzt im Süden am Stallhof an und bildet dessen Außenseite. Sie reicht bis zum Steinernem Haus an der Mühlpforte und führt von hier aus nach Norden. Ursprünglich endete sie am Marktplatz, dessen südliche Gebäudezeile teilweise noch alte Stadtmauerreste enthält. Durch Einbeziehung der Neustadt wurde sie weiter hangaufwärts geführt und erhielt das nur in Resten erhaltene Untertor, das etwa 30 m vom Jerusalemer Tor entfernt stadteinwärts stand. Die nördliche Mauer gehört auch noch dieser Bauzeit an; die Neustadt hat zudem eine östliche Stadtmauer, hinter der sich nahe dem Obertor der Oberhof verbirgt. Die Altstadt hat hingegen keine östliche Mauer, da sie an den Burgbereich anschließt.

Wichtigste Quellen und Literatur

Urkunden und Akten des Fürstlich Ysenburgischen Archivs Büdingen, u.a. Rechnungen u. Bausachen

G. Simon: Die Geschichte des reichsständischen Hauses Ysenburg und Büdingen. 3 Bde. Frankfurt/M 1865

Heinrich Wagner: Kunstdenkmäler des Kreises Büdingen. Darmstadt 1890, S. 51–81

Hans Faust: Das Schloß in Büdingen. Frankfurt 1928

Karl Dielmann: Schloß Büdingen. Büdingen 1952, (9) 1979

H. Philippi: Territorialgeschichte der Grafschaft Büdingen. Marburg 1954

K.E. Demandt: Die Herren von Büdingen und das Reich in staufischer Zeit, in: Hess. Jahrbuch für Landesgeschichte 5, 1955, S. 49–84

Karl Dielmann: 500 Jahre gotische Schloßkapelle? Ein Beitrag zur Baugeschichte des Schlosses Büdingen, in: Heimat-Blätter Kreis Büdingen 19, 1956, Nr. 4/5, S. 17–27

Karl Dielmann; Noch einmal „Gotische Schloßkapelle", in: Büdinger Geschichtsblätter III/IV, 1959–61, S. 93–108

F. Battenberg (Bearb.): Ysenburger Urkunden. Regesten zu Urkundenbeständen und Kopiaren der fürstlichen Archive in Birstein und Büdingen 947–1500. 3 Bde. Darmstadt u. Marburg 1976

Walter Nieß: Zum Alter und zur Geschichte des Schlosses Büdingen. Ein Beitrag zur frühen Baugeschichte des Schlosses Büdingen [zu den Ausgrabungen 1952 unter Peter Nieß]. Büdingen 1978/79

G. Ulrich Großmann: Schloßbau 1530 bis 1630 in Hessen. Diss. Marburg 1979

Georg Dehio, bearb. von Magnus Backes: Handbuch der Kunstdenkmäler. Hessen. München/Berlin 1981, S. 114–116

Klaus-Peter Decker: Das Schloßmuseum Büdingen. Offener Blick in eine Geschichtslandschaft, in: Büdinger Geschichtsblätter XIV, Büdingen 1991–92, S. 144–152

Thomas Biller: Die Adelsburg in Deutschland – Entstehung, Form und Bedeutung. München 1993, [2]1998

Klaus-Peter Decker: Die Burgen der Grafschaft Ysenburg-Büdingen im Spätmittelalter, in: Die Burg – ein kulturgeschichtliches Phänomen. Hg. v. H. Hofrichter. Stuttgart 1994, S. 86–96

Klaus-Peter Decker: Die Burgkapellen der Grafen von Ysenburg-Büdingen, in: Burg- und Schloßkapellen. Hg. v. B. Schock-Werner. Stuttgart 1995, S. 118–126

Klaus-Peter Decker: Georg Graf zu Ysenburg und Barbara geborene Gräfin zu Wertheim – Die Erbauer des Büdinger Oberhofs, in: Büdinger Geschichtsblätter XV, Büdingen 1995–96, S. 82–96

Klaus-Peter Decker: Büdingen – Die kleine Residenzstadt, in: Mitteilungen des Oberhessischen Geschichtsvereins Gießen 83, 1998

Gerd Strickhausen: Burgen der Ludowinger in Thüringen, Hessen und dem Rheinland. Quellen und Forschungen zur hess. Geschichte 109 (Histor. Komm. Hessen). Darmstadt und Marburg 1998

1. Auflage 1999
© Verlag Schnell & Steiner GmbH,
Leibnizstraße 13, D-93055 Regensburg
Satz und Lithoherstellung: Visuelle Medientechnik GmbH,
Regensburg
Druck: Erhardi Druck GmbH, Regensburg
ISBN 3-7954-1217-X

Alle Rechte vorbehalten. Ohne schriftliche Genehmigung des Verlages ist es nicht gestattet, diesen Band oder Teile daraus auf photomechanischem oder elektronischem Weg zu vervielfältigen.

Burgen, Schlösser und Wehrbauten in Mitteleuropa Bd. 2

Herausgegeben von der

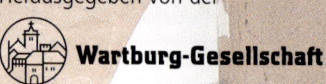

Wartburg-Gesellschaft

Abbildungsnachweis

Germanisches Nationalmuseum, Nürnberg: S. 35 oben, 36, 37 oben, 58 unten, 60, 61

G. Ulrich Großmann, Nürnberg: S. 9 oben, 19, 24 unten, 28 oben, 58 oben, 62

Kulturgut Fürst zu Ysenburg und Büdingen, Archiv (Büdingen): Umschlaginnenseite/S. 1, 6 oben, 10 unten, 11, 13, 23, 54 oben

Kulturgut Fürst zu Ysenburg und Büdingen, Archiv (Büdingen)/Foto: Mathyschok: S. 6 unten, 25, 26, 39 unten, 40 unten, 42 oben, 44, 45, 48, 50, 54 unten

Verlag Schnell & Steiner, Regensburg/Roman von Götz, Regensburg: Umschlagvorderseite, Umschlagrückseite, S. 2/3, 7, 8, 9 unten, 10 oben, 12, 15, 22, 24 oben, 27, 28 unten, 29, 30, 31, 32, 33, 35 unten, 39 oben, 40 oben, 41, 42 unten, 43, 46, 47, 49, 51, 52, 53, 56, 57, 59, 64

Landesbibliothek Stuttgart: S. 16

Timm Radt, Berlin: S. 4, 5, 18, 20/21, 37, 38, 55

Karthographie: Fa-Ro Marketing, München

Bisher erschienen

Bd. 1: Nürnberg, Kaiserpfalz
Bd. 2: Büdingen, Schloß
Bd. 3: Marburg, Schloß

In Vorbereitung

Eisenach, Wartburg
Ronneburg, Schloß
Schleswig, Schloß Gottorf
Hohkönigsburg